JN184342

エンゼルス入団会見で写真撮影に応じる大谷翔平＝2017年12月9日（現地）、エンゼルスタジアム

ハリウッド映画の世界に飛び込んだような感動を味わった。2017年12月9日の大谷翔平エンゼルス入団会見。会場はロサンゼルス国際空港から車で約40分、アナハイムのエンゼルスタジアム。米西海岸のイメージ通りの突き抜けるような青空に、冬とは思えない強い日差しが照りつけた。特設の会見場には背番号17のユニホームが飾られ、球場壁面に「大谷翔平」「OHTANI」の横断幕が掲げられ歓迎ムード一色。

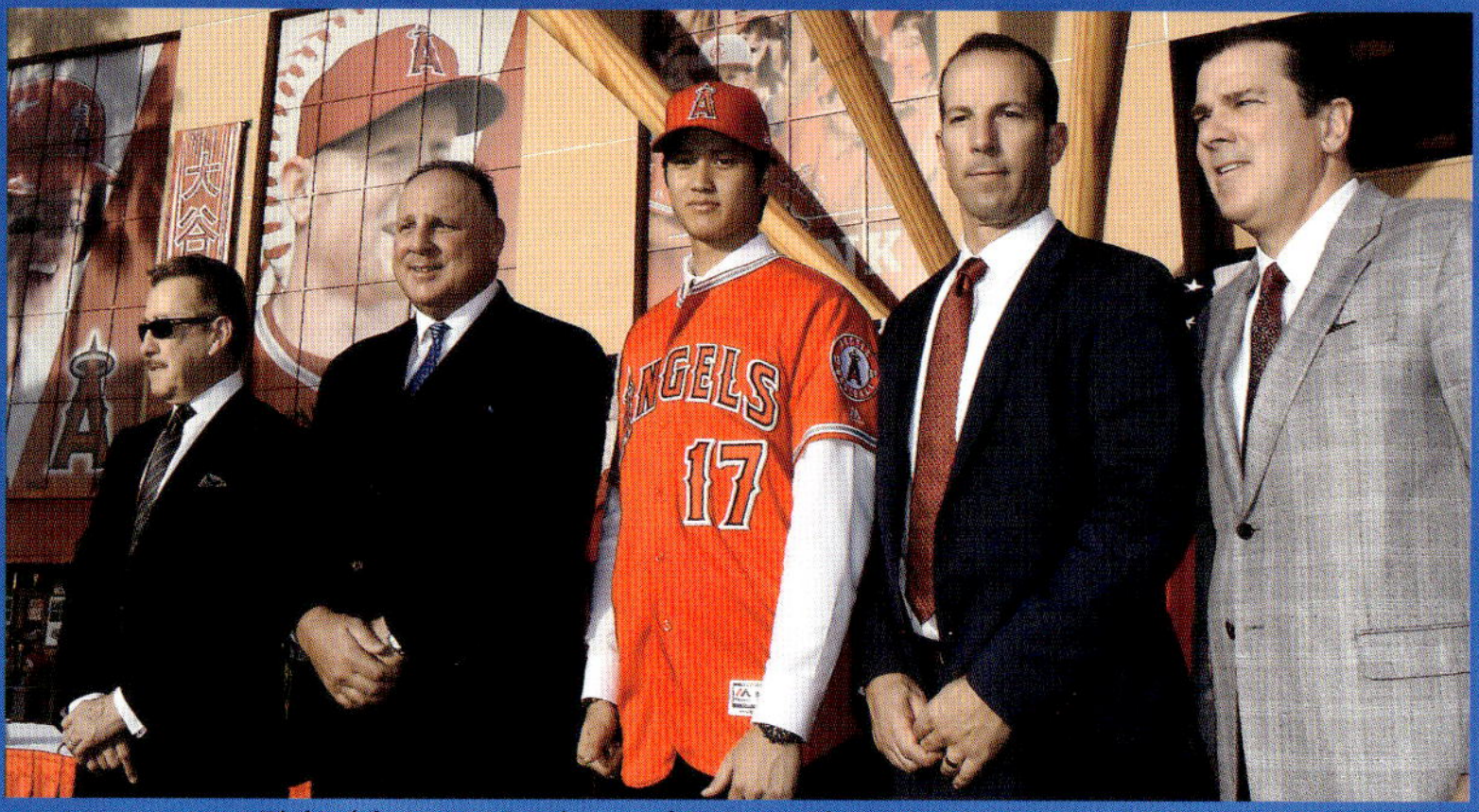

マイク・ソーシア監督（左から2人目）、エプラーGM（同4人目）と写真に収まる大谷翔平＝17年12月9日（現地）、エンゼルスタジアム

きょうがスタートライン

23歳、大谷からOHTANIへ

岩手日報特派員◉斎藤 孟

まるで映画「メジャーリーグ」

ファイターズのユニホームを着た日本人や急きょ販売された背番号17のエンゼルスのユニホームを着たファンが今か今かと岩手育ちの若武者の登場を待った。

午後3時。チームカラーの赤のネクタイを着けた大谷が登場。割れんばかりの歓声が起こった。球団関係者のあいさつに続き、英語で自らの名前を紹介した。

サングラスを掛けた球団幹部が並ぶ壇上の重厚さ。大谷の一言一言を静かに聞き、そして歓声を上げるファン。巻き起こる「オオタニ」「オオタニ」のコール。それはまさに映画「メジャーリーグ」の世界。夢のような時間だった。

しかし、これはまぎれもない現実だ。大谷が夢を現実にしたのだ。

「緊張した」という会見は「らしさ」が詰まっていた。周囲への感謝から語り始め、エンゼルスを選んだ理由については「感覚的なもの」と、選ばなかった球団への配慮をのぞかせた。交渉期限を10日ほど残しながら、選手の移籍交渉などを行うウインターミーティングを前に、決断したことも気遣いの一つだろう。

ベーブ・ルースの背中追う

背番号を問われると大リーグ屈指の強打者マイク・トラウトの「27番にしたかったが」とジョークを飛ばし、ファンを楽しませる役者ぶりも発揮した。

5年間を共にしたファイターズの栗山英樹監督が「本当にまっすぐな純粋な男。人の機微が分かるというか、心のひだみたいなものを感じられる能力が高い」と表現するように、その人間性を感じた。

「野球の神様」と崇拝されるベーブ・ルースについて、「野球をやっている以上は少しずつ近づいていきたいが、きょうがスタートラインだと思っているので、ここから少しずつ頑張っていきたい」。浮かれることなく、先を見据えたことも「らしさ」だった。

10年ほど前、岩手県出身のプロ野球選手は数えるほどだった。今では、米大リーグに挑戦する選手が現れた。本県の野球少年に大きな夢を抱かせる。「岩手でもできる」。無限の可能性、大きな勇気をもたらしてくれた。

新たな舞台で投打二刀流に挑む23歳。これからも人間の可能性に挑戦し、度肝を抜く活躍を見せてくれると確信している。

エンゼルスのユニホームを着た大谷翔平の手書きポスターを持参し、歓迎する地元ファン

大谷翔平の米大リーグ挑戦のスタートラインとなるエンゼルスタジアム。左右の赤い帽子がトレードマーク

英語で自己紹介する大谷翔平。夢への第一歩を踏み出した＝17年12月9日午後3時（現地時間）、エンゼルスタジアム

皆さんに感謝の気持ち伝えたい

米国第一声にファン熱狂

2017年12月9日 エンゼルス入団会見

2017年12月9日。大谷翔平のエンゼルス入団会見は、本拠地「エンゼルスタジアム」で行われた。大谷が英語で自己紹介すると、約千人のファンから大歓声を浴びた。

「ハーイ　マイネーム　イズ　ショウヘイ　オオタニ」（大歓声）

「こんなに多くの人の前で会見するのは緊張します。今まで考えていたことが、全部、飛びそうなので、ちょっとつまずいたら申し訳ないと思っています」（苦笑い）

「まず、初めに、エンゼルスの皆さんに感謝の気持ちを伝えたいと思います」

「オーナー　アーティ・モレノさん、社長のジョン・カルピーノさん、GMのビリー・エプラーさん、そしてマイク・ソーシア監督、全チームスタッフのみなさん、本当にありがとうございます」

「また、僕の家族、そして日本で一緒にプレーしてきたチームメート、また、僕に今まで野球を教えてくださった指導者のみなさん、そして、いつも、応援してくださった日本のファンのみなさんに感謝したい」

「今回のプロセスにあたり、本当にいろんな方々に支えられてここまできた。その中でも、毎日、毎日、何度も何度もミーティングを繰り返し、親身になってくれたCAA（代理人事務所）のネズ・バレロさん始め、マット・ヒダカさん、および、全CAAのスタッフのみなさん、本当にありがとうございました」

「たくさんの人たちに支えられて、メジャーリーグのスタートラインに立つことができて、本当に感謝していますし、これから、エンゼルスの一員として、ファンの皆さんとともに、優勝目指して頑張っていきたい」（ファンから大歓声）

「最後に、きょう、マイク・トラウト選手の結婚式がありますので、結婚おめでとうございます。一日でも早く、エンゼルスの選手の皆さんとお会いできることを楽しみにしています。ありがとうございます」（またも大歓声）。

メジャーでも二刀流挑戦!

ファイターズ経由は「決して遠回りではなかった」
初登板と初本塁打は「最高なのは、どちらも一緒の試合で」

背番号17の大谷翔平のユニホームを着て、登場を待つファン

米大リーグエンゼルスの入団会見に臨んだ大谷翔平は、メジャーでも投打の「二刀流」挑戦を表明した。新背番号「17」の真っ赤なユニホームに袖を通し、新天地での決意を語った。

―入団の決め手は。

「本当に何かエンゼルスに縁みたいなものを感じた。いい球団だと思って、お世話になると決めた」

―決断で誰かの影響を受けたか。

「まっさらな気持ちで何もなく、各球団の方々と話させていただいた。オープンに話していく中で、ここに行きたいなという気持ちになった」

―響いた言葉はあるか。

「マーケットの大きい、小さいとか、誰がいる誰がいないのは関係ない。本当に自分が行きたい球団を選んだ。響いた言葉というよりも、感覚的なもの。フィーリングが合ったのではないか」

―主力打者のトラウト選手に言われたことは。

「単純に本当にいいチームだということを聞いた。『一緒にプレーしたい』という言葉を頂いたので、それは本当にうれしかった」

―二刀流はメジャーでも実現できるか。

「ファン、球団の方々と一緒につくっていくものだと思っている。まだまだ完成した選手ではないし、皆さんの応援で僕を成長させてほしい。僕もそれに応えて頑張っていきたいと思う」

―初登板と初本塁打について。

「どちらも楽しみにしている。最高なのは、どちらも一緒の試合でできることだと思う」

―日本版ベーブ・ルースと評判になっている。

「とても光栄なことだが、僕の中では、神様と同じぐらいの存在。野球をやっている以上は少しずつ近づいていきたい。きょうがスタートラインだと思うので、ここから少しずつ頑張っていきたい」

―高校時代に一度はメジャー表明したが、ファイターズを経て良かった点は。

「それは結果論でしかない。あの時行っていればと考えたことはない。自分たちがやってきたことは決して遠回りではなかったとみんなが送り出してくれた。僕もそう思っている。ベストな選択をして、今ここに来ていると思う」

―英語力は。

「ないです。野球選手なので、一番大事になってくるのは野球の技術。ただ、言葉もコミュニケーションを取るには大事になるので今後、勉強していきたい」

―私生活での心配は。

「寮からメジャーリーグに来る選手はいないと思うので、そういう面では不安な点も多いし、わくわくもする」

―会見には多くのファンが訪れた。

「日本でもプレーする時は多くの人がいるが、こういうふうにしゃべるのは慣れていなくて、本当に聞き取りづらかったら申し訳ないという気持ちでいる」

―ディズニーランドが近くにある。

「何年も行っていないので、ぜひ行ってみたい」

初心の「17」

受け継がれる母校の出世番号

大谷翔平の米大リーグでの最初の背番号は「17」に決まった。17番は花巻東高にとっては期待の若手が背負う特別な番号。母校にとって深い意味のある番号を背負って、大谷は投打の二刀流で世界へ挑む。

大谷の背番号を振り返ると、高校時代は1年春が18番、1年夏は17番、2年秋の11番以外は1番だった。ファイターズでは11番で、米大リーグ挑戦を表明したのも1並びの11月11日で、「11」番が板に付いていていた。

新天地で選んだ背番号について本人は「僕が新たな気持ちで、ここで頑張っ

センター左側にある巨大な岩山のオブジェ。大谷翔平はここに何本本塁打を打ち込むのだろうか

ていくものを含めた時に、17にしようかなと思っただけなので、特に意味があるということはない」と説明したが、初心を忘れない―という思いが込められているのかもしれない。

花巻東高で、「17番」は主に1、2年生の投手に与えられる番号で、これからチームの柱になってほしいとの思いが込められている特別な番号。

1年時に17番を付けた菊池雄星（西武）は彗星のごとく登場し、快速球で1年夏から甲子園に出場。その後、3年時にはエースナンバーを背負い2009年春の選抜準優勝、夏の甲子園はベスト4と金字塔を打ち立てた。岩手県の高校球界を変えた左腕が付けた17番は憧れの番号ともなり、次期エース候補が背負う出世番号となった。大谷も1年夏に背負い、高橋樹也（広島）も付けた。

花巻東高の恩師、佐々木洋監督は「大谷もこの番号を付けて成長がスタートしたことを忘れていないのだろうと思い、うれしかった」と感慨深げに語った。花巻東高では、17番を付け鍛錬し、エースの道へ進む。大谷もこの番号を背負って、新たな出発点に立つ。

1

614本塁打 アルバート・プホルス
MVP2度 マイク・トラウト

ア・リーグ屈指の強打エンゼルスの仲間たち

大谷翔平がメジャーリーグでの第一歩を踏み出すエンゼルスは、リーグ屈指の野手陣が並ぶ。歴代通算7位の614本塁打を誇るアルバート・プホルス、リーグMVP2度受賞の3拍子そろった若きスター、マイク・トラウトが健在。昨季途中から加わったジャスティン・アップトンも長打力は高い。好守備のザック・コザートがレッズから、16年にゴールドグラブ賞を獲得したベテランのイアン・キンズラーがタイガースから移籍し、打線がパワーアップした。2000年からチームを率いるマイク・ソーシア監督の下、巻き返しを狙う。エンゼルスは02年にワールドシリーズを初制覇。17年はア・リーグ西地区2位（80勝82敗）で、3年連続でプレーオフ進出を逃した。過去、日本選手では長谷川滋利、松井秀喜、高橋尚成（いずれも引退）が所属した。

1.マイク・トラウト／リーグMVPに2度輝くなど走・攻・守3拍子そろった大リーグ屈指の打者　2.大リーグオールスターでトラウトが先頭打者本塁打を放ち、プホルス（右）とタッチを交わして喜ぶ　3.アルバート・プホルス／大リーグ歴代通算7位の614本塁打を誇る稀代のスラッガー　4.エンゼルスのマイク・ソーシア監督（左）とオーナーのアーティ・モレノ氏　5.エンゼルスの本拠地、エンゼルスタジアム　6.エンゼルスタジアム内のグッズショップに置かれた大谷翔平のTシャツなど

ANGELS
27
PUJOLS
5
ALL-STAR GAME
2

4

ANGELS

3
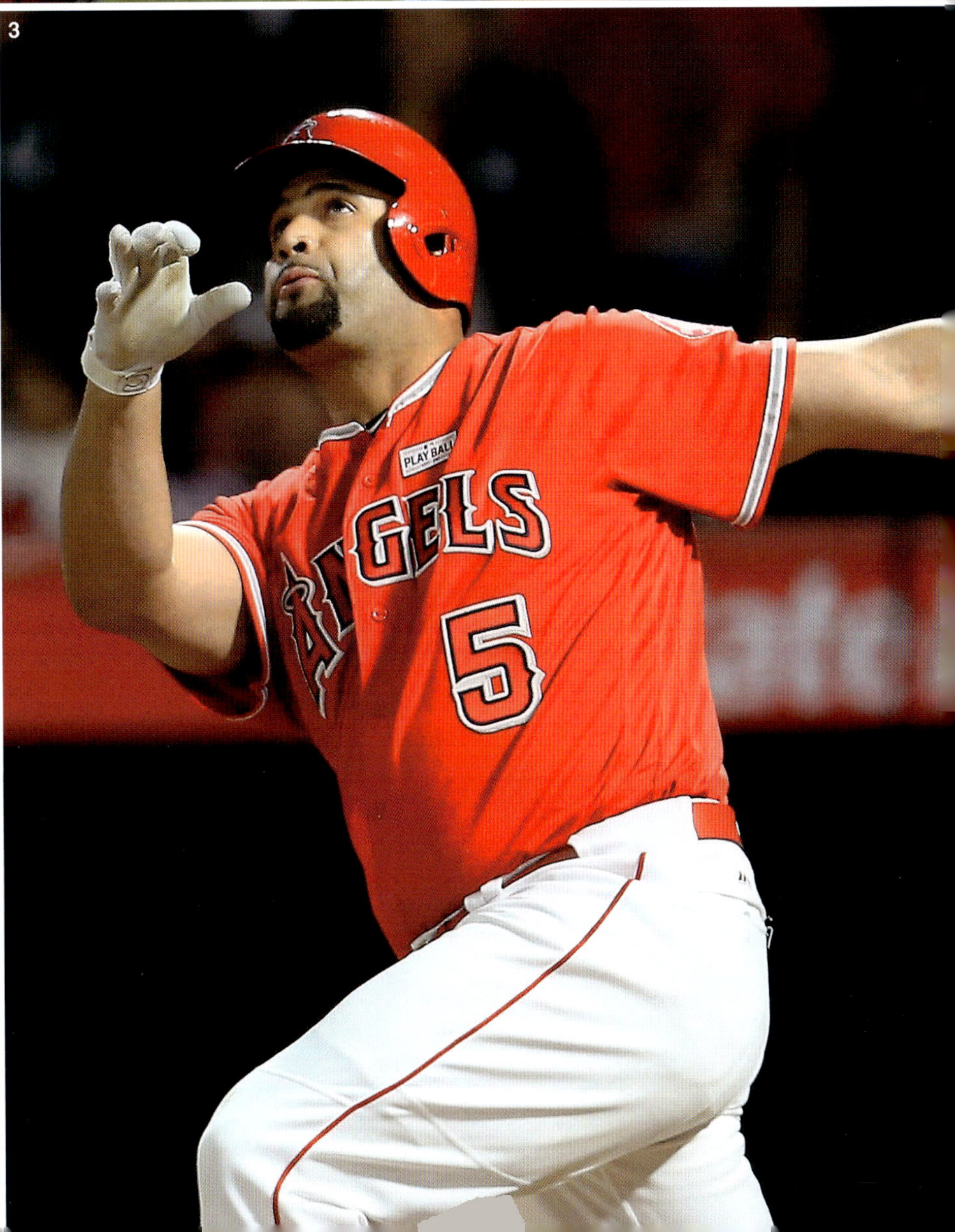
PLAY BALL
ANGELS
5

5

TOYOTA

6

OHTANI
17
17

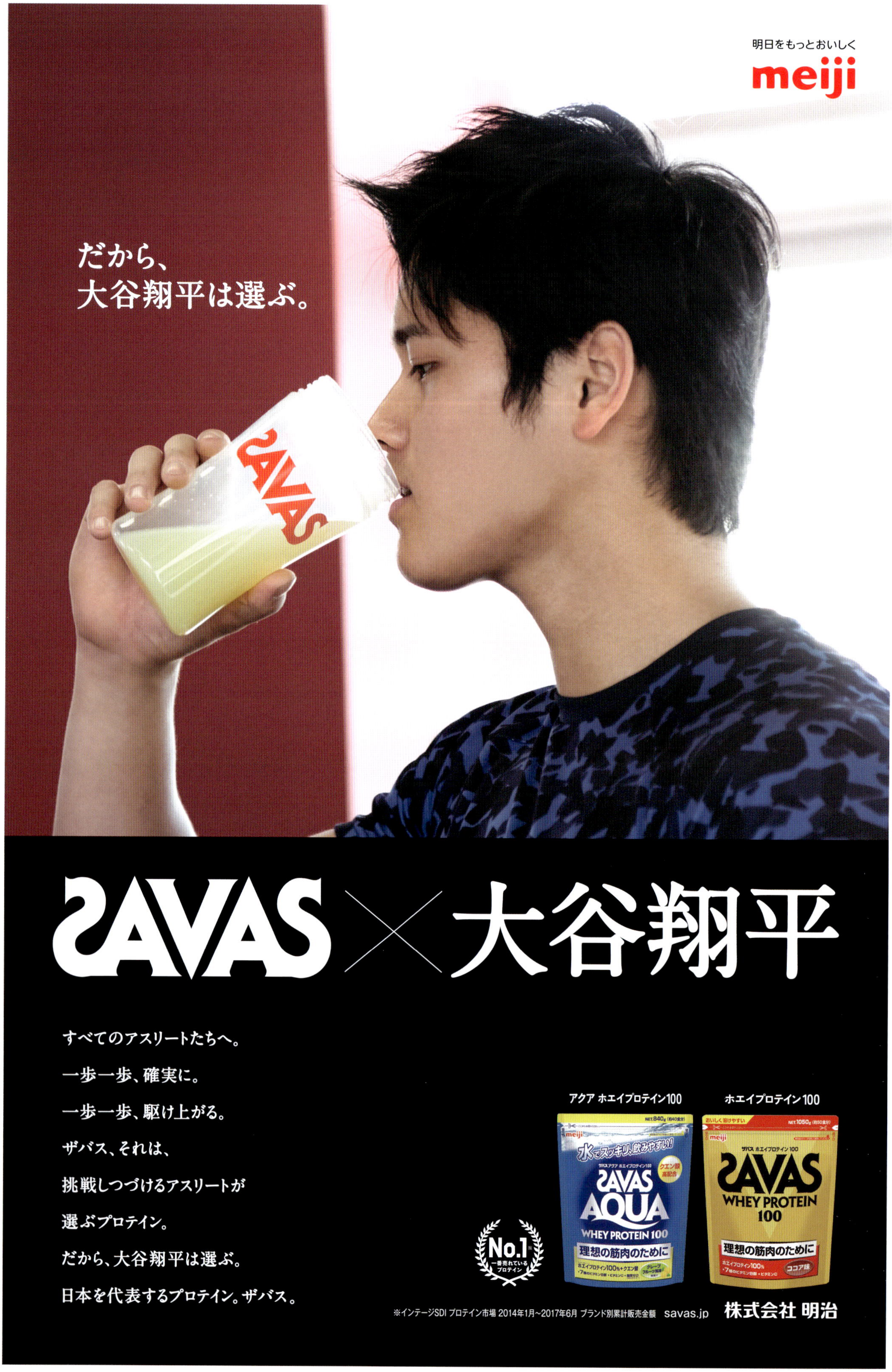
明日をもっとおいしく
meiji
だから、
大谷翔平は選ぶ。
SAVAS × 大谷翔平
すべてのアスリートたちへ。
一歩一歩、確実に。
一歩一歩、駆け上がる。
ザバス、それは、
挑戦しつづけるアスリートが
選ぶプロテイン。
だから、大谷翔平は選ぶ。
日本を代表するプロテイン。ザバス。
アクア ホエイプロテイン100
ホエイプロテイン100
水でスッキリ、飲みやすい!
SAVAS AQUA
WHEY PROTEIN 100
理想の筋肉のために
SAVAS
WHEY PROTEIN 100
理想の筋肉のために
ココア味
No.1
一番売れているプロテイン
※インテージSDI プロテイン市場 2014年1月~2017年6月 ブランド別累計販売金額 savas.jp
株式会社 明治

S H O H E I O H T A N I

大谷翔平挑戦 Beyond the borders 境界線を越えろ

HIROSHI SASAKI

佐々木 洋

翔平を語る

PART 1

**個性を重視する2人の監督が大谷を育て上げた。
勝利を求めながら健やかな人間育成に心を砕き
結果を求めながら過程の大切さを説く指揮官だ。
熱き心で語らう夢
大谷が心酔する二人の男の言葉を追う。**

文●村上弘明

【佐々木洋(ささき・ひろし)監督】

岩手・黒沢尻北高ー国士舘大出。横浜隼人高コーチなどを務め、2001年秋から花巻東高監督に就任。左のエース菊池雄星(西武)を擁し県勢初の準優勝を果たした09年、大谷翔平が出場した12年の2度センバツに出場。夏の甲子園は計6度出場し、09年、13年にいずれも4強入りした。42歳。岩手県北上市出身。

HIDEKI KURIYAMA

栗山　英樹

「打者大谷の中に
イチローと松井秀喜の2人がいる。
あんな打者はいない」

【栗山英樹(くりやま・ひでき)監督】

東京・創価高ー東京学芸大出。1984年ドラフト外でヤクルトに入団。内・外野手としてプレーし89年にゴールデングラブ賞を受賞。90年に引退後は野球解説者・スポーツキャスター、大学教授などを経て、12年ファイターズの監督に就任。1年目でリーグ制覇し、その年のドラフトで大谷翔平を獲得。16年にはチームを日本一に導いた。同年、連盟特別表彰最優秀監督賞、正力松太郎賞を受賞。56歳。東京都小平市出身。

HIDEKI KURIYAMA　HIROSHI SASAKI

栗山 英樹×佐々木 洋　翔平を語る　PART 1

大谷翔平に大きな影響を与えたのが2人の監督だ。目標設定の重要性を植え付けた花巻東高の佐々木洋監督(42)と、プロ野球の常識を覆す投打二刀流へ導いたファイターズの栗山英樹監督(56)。球界の「至宝」を預かる身として二人は何を感じたのか。岩手日報社の単独インタビューを再構成し、大谷の実像と将来像を描く。

打者大谷の将来性を消し去ろうとしていたのかと怖くなりました

ファイターズでの5年間をどう評価するか―。大谷は花巻東高3年時に一度は米メジャー挑戦を宣言したが、ファイターズからドラフト1位指名を受け「二刀流」という新たな地平を切り開いた。方針転換のポイントは「どちらの道が最終的に大リーグでより長く活躍できるか」だった。

二人の指揮官は投打二刀流をどう見ていたのか。佐々木監督の言葉は衝撃的だった。投手大谷、打者大谷どちらかに専念すべきだという議論に対して、圧倒的な説得力で大谷の現実を切り取っている。

「大谷が投手をやりたいとメジャー宣言したあの時、私は打者大谷の可能性を捨てていました。正直、考えてもいなかったんですよ。でも、今から思えばゾッとします。栗山監督は私に『打者大谷の中にイチローと松井秀喜の2人がいる。あんな打者はいない』と言ってくれました。やわらかさと飛ばす力の両方があると。その言葉を聞いて、ハッとさせられました。私は指導者として人の可能性を大事に考えてきたつもりだったが、打者大谷の将来性を消し去ろうとしていたのかと怖くなりましたね」。それが本音だった。

高卒でメジャーに直接行くならば、当時最速160キロの本格派右腕として勝負するだろう。プロの実績もない若者に、大リーグが二刀流を容認するわけがない。高校時点の常識を覆したのはプロ5年間の実績だ。「規格外の存在」を証明したからこそ、今の大谷がある。

大谷選手との5年間は楽しかったですか―。栗山監督は「うーん、監督を辞めたら、最高に楽しかったと言うでしょうね。今は本当にこの5年間、勉強させてもらいましたね。こんなに1人の選手の出場のことだけで、これで大丈夫か、こうしたらどうだと考えさせてもらった。当然、他の選手の使い方も考える。翔平が僕にもすごくいろんなことを教えてくれた。それはすごく感謝しています、あいつに」と語った。

投打二刀流という国内でも前例の

大リーグ挑戦を表明し、多くの報道陣に囲まれる＝2012年10月21日、花巻市・花巻東高

ほとんどなかった大谷の起用法は常識にとらわれず、ファンの見たい野球を追求する栗山監督の信念と、選手育成に優れたファイターズだから実現できたと言えるだろう。

マスコミの言葉一つで 選手は良くも悪くも影響される どうか気を付けて接してほしい

栗山監督はいつもの熱っぽい語り口になった。「最初に見た時は覚えていますね。ダルビッシュ全盛期。ダルより上かと思いました。ネット裏で見ていて球のスピード、球の角度、アウトコースの真っすぐは本当に角度がついていた。左右、高低の角度がついていて、本当にいいボールだった。こんなボールを投げる『人間』がいるんだと思ったんで。それは衝撃だったし、甲子園の帝京戦でレフトライナー、フェンス直撃ツーベースも。こういうバッティングができるやつがいるんだと衝撃だった。そういうところは僕にとってはやっぱり大きかった。一瞬たりとも、ほんのちょっとでも、（投打）2つ出来ないんじゃないかと思ったことはこの5年間ないから、僕は」。

栗山監督ほど大谷の可能性を信じている人はいない。「ほれ込んでいる」では生ぬるい。もはや一心同体だ。「打って当たり前。抑えて当然。まだまだ足りない」「おれの中の翔平はこんなものじゃない」と厳しい言葉を連発してきたが、それも大谷を思えばこその愛情だ。

印象的だったのは5年前の入団記者会見だ。始球式など囲み取材が終わると、栗山監督は記者団に歩み寄り「マスコミの言葉一つで、選手は良くも悪くも影響される。真っすぐに育った翔平はなおさらだ。どうか気を付けて接してほしい。一緒に育てよう。本当に頼んだよ」と頭を下げた。

ファイターズの担当記者たちも「はい、分かっています」「そうだよな…」と真剣な表情で受け止めた。信じられない光景だ。もはや番記者でも何でもない。記者陣たちでさえ、ただの野球大好きおじさんになっている。彼らの表情を見ていると、なぜか涙が出てきた。岩手から北の大地へ。プロ生活へ踏みだした大谷は球団に関わるすべての人にとって「おらほの宝」なのだと実感した。

「野球だけに打ち込める環境を用意してくれたみなさんに感謝したい」と述べた大谷の言葉がすべてを物語っている。あれから5年。彼は凄まじい勢いで進化を遂げた。

「新人王」をプロ1年目の目標に掲げた＝12年12月16日、花巻市・花巻東高

ファイターズへの入団を表明。栗山英樹監督（左）と固く握手する＝12年12月9日、奥州市

1

4

2

3

1.プロ入りを控え自主トレ＝13年1月5日、花巻市・花巻東高　2.新人合同自主トレ＝13年1月11日、千葉県鎌ケ谷市・鎌ケ谷スタジアム　3.プロ1年目の国頭村2軍キャンプ＝13年2月16日　4.プロ2年目の名護キャンプ＝14年2月6日

PART 1 HIDEKI KURIYAMA 栗山 英樹 × HIROSHI SASAKI 佐々木 洋

翔平を語る

投手と打者の両方をやれた5年間って大きいと思いますよ

投打二刀流は当初、多くの球界OBや評論家に議論されてきた。「若造がプロ野球をなめている」「世界一になる可能性がある投手に専念するべきだ」などとさまざまな立場があったが、大谷は結果で応えると同時に「みなさんに注目していただき、多くの意見をいただけたことがうれしい」と相変わらずの模範解答で、さらりと受け流した。

あらためて投打二刀流の5年間の評価を問うと、佐々木監督は「ゴール自体は変わっていない。通り道を変えただけで目標はぶれていない。投手と打者の両方をやれた5年間って大きいと思いますよ。メジャーに行って投手大谷が駄目でも、打者大谷の道がある。当初は考えもしなかった選択肢を持って米国挑戦ができる。メジャー側にも二刀流を認める球団が現れてきた。すごいことです。この5年間があって良かった」としみじみと振り返った。

投打の完成度については「打者としての完成度が7割、投手は3割、いや5割かな。大谷本人が言っているように、どこまで伸びるか分からない可能性がある」と評価した。

一方、栗山監督も「現時点で足りないのは投手としての技術ですよね。自分が思ったようなフォームで、ずっと投げられていないので。もともと投げるのは上手くないタイプ。高校時代もけがとかが多くて、そういったものが遅れていた部分はある。逆にまだまだ伸びしろは大きい。できてなくても当然なんだけれども、そういうところはある。要するに相手が関係ない。あいつの場合、自分のフォームでしっかりずっと投げられれば勝つので」ときっぱり。しれっと恐ろしいことを口にする人だ。

プロ3年目の名護キャンプ＝15年2月6日

栗山監督は打撃について「もう全然大丈夫。変化球の対応の仕方とか、遠くへ飛ばすとか、本人からすれば本塁打が少ないのは気になっていると思うんですけど、そこはもともと能力が高かったので、そこに関して僕は何も。崩れた時にいろいろ崩れ方がありますけど、基本的にはこのまま行ってくれると思う」と太鼓判を押す。

体が出来上がり22、23歳で活躍し始めるというのが私の計算だった

両者とも投手大谷を課題に挙げ、打者大谷の評価が高い。佐々木監督はユニークな表現で大谷の投打を述べている。「私は高卒時点で投手大谷しか考えていなかった。ところがファイターズから打者大谷も必要と言われて『あれ？』となったんですよ。大谷は今でも投手に比重がある。打撃はプロになった今でも野球少年みたいな顔でやっているけれど、投手はちょっと真面目な難しい顔をして、仕事でマウンドに立っている感じがするでしょう？あれはね、投手大谷がバッティングをしているんです」と笑った。

「高校時代にメジャー挑戦を宣言した時は骨端線損傷（成長痛の一種）の問題もあり、静かなところで黙々と体作りをする必要があると考えていた。まだ成長段階だったし、体が出来上がり22、23歳で活躍し始めるというのが私の計算だった。確かに球速はあったけれど、勝てる投手ではなかった。まず、これが私の予想が大きく外れちゃった所ですね」

「私の予想だともう少し時間がかかると思っていましたが、結果は私の考える以上だった。メジャー宣言の時から最速170㌔出るって言っていたし、出るイメージは当時からあった。今は最速165㌔ですか。165㌔にも驚きはしないし、こういう選手だとイメージはできていた。ただし、実際に試合でこれだけの結果を出すとは思っていなかった。球速が出ても勝てなかったり、

失敗しながら22、23歳あたりでだんだん実戦でも成績を残し始めるというイメージでした」

「打者大谷にはいい意味で裏切られました。打撃の修正能力の高さ、バージョンアップの早さが予想以上だった。失敗を自分の中に取り込みながら、試合で打撃を修正する能力ですね。最初はチェンジアップに対応できず、次は内角攻めとプロ野球の世界で研究され、弱点を突かれたが、それに対応して次々にバージョンアップしていった。対策ソフトが勝手にインストールされている印象ですよ」

ファイターズは佐々木監督に大谷の起用法について事前連絡しながら相談するほど誠実な対応で、大谷の成長度や負担軽減を考慮した育成に徹した。

この点について栗山監督は「最も大事にしてきたことは体を壊させない。けがさせないということだけですね」と言い切る。育成方針についても「いやいや本当に技術的なものというのは、あれだけ身体能力が高くて、大きさがある中で(身体を)うまく使える。体が大きくてもうまく使えない人がほとんどの中で、そのうまさを持っているわけですから、とにかく自分がやりたいことを好きなだけやれるようになれば絶対に結果は出ると信じていた。だから、それだけに今年(2017年)のけがは悔いが残るというか、本人にも謝りましたけど、僕は悔しかったし、残念だったし、申し訳ないというのが大きかった」と振り返った。

アメリカの評価が
打撃の方が本当にすごいのに、
投手に追いついていない

5年目のけががなければ、どんな起用法を想定していたのか。「まあ、その、もう少しバッティングの数を増やしながら、登板間隔を空けてでも投げたら必ず勝つという形ですね。少ない登板数でしっかり勝っていって、試合に出られる可能性を探ろうと思っていた」と指摘。「というのは、なぜかというと、アメリカの評価が打撃の方が本当にすごいのに、その評価が投手に対して追いついていないというのが、僕の中にあったので。そのことだけは理解してもらいたいというのはすごくありました。やっぱり打って勝たせるということの大きさが翔平はすごく大きいので」と説明した。

プロ3年目の名護キャンプ＝15年2月6日

栗山監督にこの5年間に点数をつけるとすれば、何点かと聞くと「うーん。点数は分からないですね。ただ、こんなに必死にやってきた。自分の中では本当に一生懸命に向き合ったかだから。プロの場合は向き合ったからいいというわけじゃない。結果を出させてあげないといけないので、ただ、がむしゃらにやり続けた5年間としか言いようがない。点数も何も。自分にもっと能力があったり、もっと発想があったりとか、もっといろんなことが理解できてあげたら、もっともっとよくなったとか、もっと違う使い方があったのかなとか思いますけど」。大谷への熱い思いがあふれた。

佐々木監督は「本当は私が育てたと言いたいところだが、最初からああいう人間だった。子どもたちの目標となり、人間的にも目指される生き方だ。ただ野球のうまい人間じゃない。岩手の子にこれからはプロだけじゃなく、メジャーという目標を示すことができたのではないだろうか。雄星と入れ替わりで入学した大谷にとっては日常的にメジャーのスカウト陣が来ていたし、メジャー挑戦も普通の目標だったと思う」

「確かに高校時代はけがもあり起用に苦しんだが、栗山監督はチーム

プロ3年目の名護キャンプ＝15年2月6日

キャッチボールを行い、汗を流す大谷翔平＝18年
1月5日、千葉県鎌ケ谷市・ファイターズ球団施設

の勝利と同じくらい大谷の成長を考えて育成してくれた。経過報告や過程について紙一枚出すのではなく、逐一報告してくれた。大谷を輝かせるためにご苦労されたのではないかと感謝している」

「本校から、岩手からこういう選手を輩出できてうれしいですね。大リーグではチームの世界一を目指し、自分自身が世界一の選手になること、そして人間的にも世界一に値する存在であること。この3つの世界一を目指してほしい」とエールを送った。

栗山監督は花巻東高についても言及している。「そのー、逆に言えば、この短い期間に菊池雄星と大谷翔平の左右の日本最速投手が出てきたことに驚きを感じるのであって、そこは驚きますけど、そこが花巻東であることには納得しています。それは佐々木監督が何とか岩手の子たちの夢をかなえようと頑張っている姿に、野球の神様が「お前なら」と預けたのではないかと。それはそういう気がします。佐々木監督の生きざまはとても素敵です」

面談を終え報道陣の質問に応じる米大リーグ、ドジャースのローガン・ホワイトGM補佐（中央）＝12年9月20日、花巻市・花巻東高

米大リーグ、レンジャーズのジム・コルボーン環太平洋シニアアドバイザー（左）とジョシュ・ボイドプロスカウト部長（左から3人目）＝12年10月2日、花巻市・花巻東高

センバツの大阪桐蔭戦で2回裏、先制本塁打を放ちナインの祝福を受ける＝12年3月21日、甲子園

花巻東の千里眼

何かが2人の間に割って入った。

よちよち歩きのヒヨコだった。

「んあ!?」。なぜヒヨコ…。笑いをこらえる大谷と仲間たち。

花巻東の思い出は、いつも笑いに満ちていた。

文◉村上弘明

秋季東北大会準決勝　光星学院戦　9回右翼ポール際へ大飛球を放ち、ガッツポーズをする花巻東の大谷翔平＝2011年10月11日、秋田市・こまちスタジアム

花巻東の千里眼 1

甲子園デビュー

未完成ながら 2年生最速記録

花巻東高時代の大谷翔平投手は常に故障との戦いを強いられていた印象だ。まだ骨が成長段階にあり、佐々木洋監督は「1年生のうちは外野手として体を鍛えることに専念させるつもりだ。投げさせたいが無理をさせて大谷を壊すわけにはいかない」とじっくり

2年夏の帝京戦で甲子園初登場。故障明けの苦しい投球となったが最速150キロをマーク＝2011年8月7日、甲子園

育てることを決断した。

　投手大谷は1年秋の秋季東北大会で最速147キロをマークし、潜在能力の高さを見せるなど既に全国区で注目される有望選手の一人だった。

　そして迎えた2011年夏の第93回全国高校野球選手権。同年3月11日の東日本大震災で被災した岩手にとって特別な大会だった。

　佐々木監督は震災直後に沿岸出身選手の家族の安否確認のため、釜石市や大槌町へ救援物資を積んで車で出発したが笛吹峠で通行止めとなり、選手とともに走り続けて避難所を捜した。「教師の行動としていいか悪いかは分からない。だが、大事なお子さんをお預かりしていて、黙っているわけにはいかない」。何も言い出せずにいた沿岸出身選手に「心配なんだろう。おい、行くぞ」と声を掛け、即座に行動していた。

　選手個々人の心理的にも、とても練習できる状況ではなくなり、多くの選手を大学野球部や社会人チームに派遣するなど気分転換を図り、急場をしのいだ。

1年秋の東北大会。学法福島を相手に6回から救援登板し最速147キロをマークした＝10年10月8日、山形県・天童市スポーツセンター球場

　夏の甲子園切符を獲得したときには「甲子園では花巻東ではなく、岩手代表として底力を見せる。どうしても勝たなければならない大会だ」と宣言した。選手が燃えないはずがない。

　その中心にいるはずの大谷は県大会前に故障。後に骨端線損傷と診断される成長痛の一種で、左太もも裏の付け根付近の肉離れで万全ではなかった。県大会は4回戦久慈東戦の六回から救援しただけ。1回2/3を投げ打者10人に被安打2、奪三振3、四死球2、失点4、自責点2だったが、3番右翼手など打者大谷としてチームをけん引した。

　大谷は「大会2週間前の7月初旬に左の太もも裏を痛めた。少し痛かったが、けがのことは言いたくなかった。監督さんは『大谷がいなくても勝てるところを見せるんだ』と言ってくれた。自分だけじゃなく、他の投手陣が力を見せてくれてうれしい。被災した仲間もチーム内にいる。岩手県が強いところを甲子園で見せたい。まだ万全ではないが、甲子園で投げたい」と力を込めた。

　じわじわと迫る甲子園。組み合わせ抽選で1回戦は帝京（東東京）に決まった。会場全体がどよめき、記者仲間から「よりによって強打の帝京。今大会で考え得る最悪の相手ですね」と慰めの言葉をもらったのを覚えている。強豪相手ほど徹底的に研究できる。花巻東は優勝しに来ているんだ。何を今さらと憤慨していると、隣にいた大谷が「大丈夫です。小原（大樹）が投げます」と同学年の左腕に笑い掛けていた。

　「そうじゃないだろう。完封するって言ってやれ」と思ったが、大谷はニコニコしているだけだった。

　初戦を間近に控え、花巻東は珍しく練習を非公開にした。雨の中、室内練習場で大谷をブルペンに立たせて、最終チェックをするという。やがてミットをたたく甲高い音が響き始めた。剛速球の復活かと思えば、「あー、駄目だ」と大谷のイライラした声。調整不足は明白だ。そもそも投げられるのかも分からない。患部は右投手が踏みだす左足の付け根だ。力をかけることもできない。

　この状況で考えられるのは花巻東得意の通称「グダグダ作戦」だ。最も制球のいい小原を先発に立て中盤までしのぎ、後半で勝負できる点差で何とか食らいつく。途中でエース大谷を投入し、甲子園全体の雰囲気を味方に変えて、劣勢をはね返すプランだ。

首脳陣は試合前から「1、2点差で追う展開なら花巻東の流れだ」「同点で粘り五回まで乗り切れば、最高の展開じゃないか」と繰り返し、選手をその気にさせてしまう。劣勢にも動じない精神力こそ、大舞台では最大の武器となる。

実際に試合になれば、多少リードされていてもベンチは「よっしゃー」。おれたちに流れが来てるぞ」と盛り上がる。まさに挑戦者野球に徹する花巻東の真骨頂だ。佐々木監督は「事前に選手に伝えておくから意味がある。追い込まれてから急に話しても誰も信じない。言い訳にしか聞こえないから」と言葉のマジックを説明する。

試合は先行する帝京に花巻東が3度も同点に追いつく好勝負。先発小原が強打帝京を警戒しすぎたのか本来の制球が定まらない。

2－4とされた4回1死一、三塁。これ以上はもう1点もやれない場面で大谷をマウンドに送り出した。初球148キロをいきなり相手4番が右犠飛として1失点。「試合前から痛かったけれど言えなかった」。普段は6・5足だった左足の踏み出しは4・5足となり、ほとんど立ち投げの状態だった。足のサイズ(28・5センチ)で計算すると約1メートル85センチの「歩幅」が1メートル28センチまで縮まった。それほど足への負荷が痛みにつながったのだろう。

花巻東の千里眼 1

甲子園デビュー

未完成ながら2年生最速記録

夏の甲子園のマウンドで投球練習＝11年8月2日

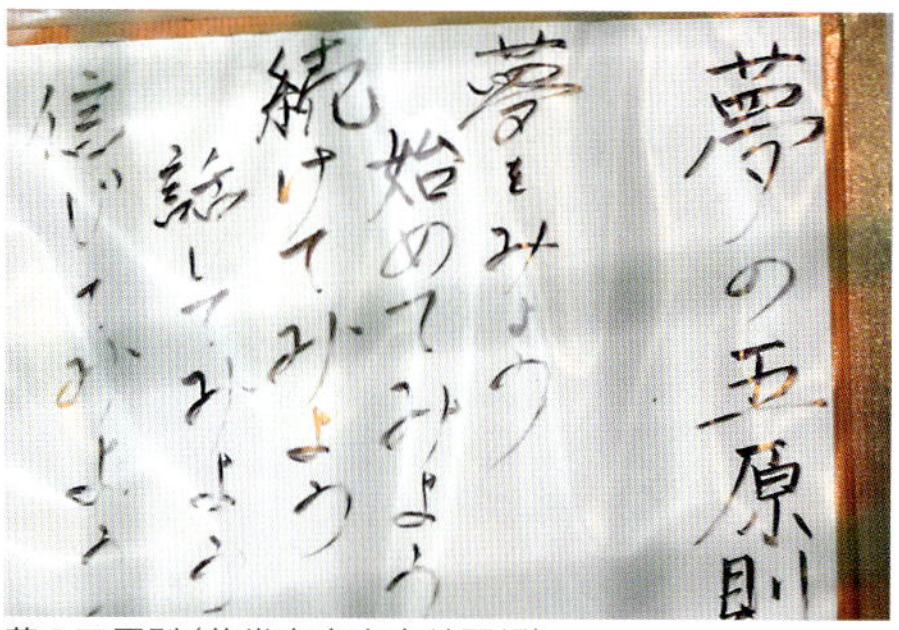

夢の五原則（花巻東高室内練習場）

1年秋の東北大会＝10年10月8日、山形県・天童市スポーツセンター球場

上体に頼った投法だが、勝負所では「おりゃー」とほえながら初めて足も蹴り上げ、田中将大(駒大苫小牧)に並ぶ2年生の甲子園最速タイ記録の150キロをマークしてみせた。故障を抱えながら圧巻の球威。普通の状態なら、どんな球を投げるのか。球場全体が未完成で荒削りな快速右腕に魅せられた。

花巻東は5失策と踏ん張れず7－8の惜敗。大谷は5回$2/3$を投げ被安打6、奪三振3、四死球5、失点3、自責点1の防御率1・59。決して本来の投球ではなかった。一方で、勝てる試合でもあった。大谷に頼らず、チームの総合力の高さに驚かされた好勝負だ。背番号1は「打たれても仲間がカバーしてくれた。エース番号をもらって、信頼してマウンドに送り出してくれたのに…。どうしても抑えたかった」と声を震わせた。

花巻東の千里眼 2

翔平と雄星

肩ひじの消耗なくプロの道へ

日本一を目指して練習する2年夏＝2011年7月、花巻市・花巻東高グラウンド

「無理をさせるわけにはいかない。チームも大事だが、大谷の将来もある」。佐々木監督の中で、大谷が入部して以来の決意はぶれることがなかった。大谷は結局2年夏の甲子園以来、公式戦登板を回避。当初は肉離れとされたが、故障というよりも成長痛の一つで、安静が必要とされる「骨端線損傷」との診断だった。

急いでも仕方がない。身長はさらに伸び、リリースポイントも投球フォームのバランスもすべてやり直しになるだけだ。体づくりをゆっくり進めるしかない。

その背景には菊池雄星の存在があった。甲子園で登板過多が響き、準決勝はわずか11球で降板。ドラフト6球団指名の末、西武に入団したプロ1年目も故障の影響が続き、ほぼ1年間をリハビリに費やした。佐々木監督は「雄星が1年目に活躍できないと、マスコミや週刊誌が手のひらを返したように叩いた。あることないことを書かれて、あとは知らん顔。誰も助けてくれない。もう日本にこだわらなくてもいいのかなと思いますよ」と漏らしたことがある。

メジャーならゴシップ記事の好奇の目にさらされず、野球に集中できるのではないか。特に大谷の場合は、成長が止まりパフォーマンスのピークを迎えるのは、25、26歳と予測していただけに、雄星以上に自分のペースで練習できる静かな環境が必要だった。進路は日本でなくてもいい。

高校卒業後まで見据えた同校の選手育成は大谷のケースもあり、現在は投手陣のひじや肩に異常がないかをレントゲンなどで事前検査し、トレーニングメニューなどの参考にしている。

花巻東というチームの「千里眼」がプロ球界の至宝とされる大谷の将来を守ったと言えるだろう。

花巻東高の小菅智美コンディショニングコーチは「大谷は骨端線損傷の影響で、高校1年秋から（3年夏までの期間に）1年間くらい投げさせなかった。ここで無理させなかったのが逆に良かったかもしれない。雄星の時は花巻東からプロ選手を出したいという思いがあり、近い素材が入ってきてかなり気を使ったが、最後にはけがをさせてしまった。その反省が大谷に生きた」と振り返る。

故障により運動、栄養、休息のバランスがよくなり体づくりに専念できた。「早い段階で157キロとか出ていたらバンバン投げさせて成果を求めて、いろいろ詰め込んでしまっていただろう」と語った。

最も印象に残っているのは大谷が陸上の高跳び用マットを飛び越えたことだという。「長身で動ける。大きな子は鈍くさくて動けないものだが、ジャンプ力があり、内野もこなせる力がある。他の競技者には失礼だけれど、たぶん何をやってもその競技のトップクラスになれるアスリートだ」と続けた。肩の可動域などはもちろんだが、大谷と雄星について「二人とも野球への姿勢がずば抜けていた。普通は高校生だから必ず心の中で休みたいと思うじゃないですか。大谷は言われたことを必ず守るタイプ。365日野球のことを考えているやつが強いですよ」と指摘した。

小菅コーチは大谷治療のため、高周波温熱治療器「インディバ」を導入。月6万円を支払いリースしてもらった当時の最新機で「ミーハーな気持ちで使ったけれど、筋肉の深いところまで入って動かしながら温める機器。その後、大谷が最速160キロを出したり縁起のいい治療器ですよ」と笑った。

プロで活躍する先輩の西武・菊池雄星＝17年3月31日、札幌ドーム

水泳トレーニング＝12年1月、花巻東高室内プール

花巻東の千里眼2

肩ひじの消耗なくプロの道へ

翔平と雄星

翔平と雄星―。同校の外部コーチで元東芝野球部の三原昇さんは二人を「メカゴジラとゴジラ」に例えた。

「雄星は野生のゴジラで、大谷は作られたメカゴジラ。そこらで拾ってきた野生の怪獣をマウンドに立たせて無理矢理投手にしたのが雄星。プロに入ってからは野生味があふれ出ちゃって、フォームがバラバラになったけど、最近ようやく落ち着いてきた。雄星からは『結局最後に残ったのは回した腕を止めるってことだけでした』って最近になってメールが来た。シンプルに投げればいい。このまま続ければ、いつか160キロも出るよ」

「逆に大谷は身長190センチ以上もあるのに、170センチの選手の動きができるアスリートに投げ方を教えただけ。その意味で野生じゃなくて、メカゴジラなんだな。だって、もし雄星みたいなバラバラな投げ方をしていたら、大谷はストライク1つだって入らないよ。ある意味で本当の怪物は雄星。投球フォームとかお構いなしで150キロの球を投げるんだから。あー、どっかにまた野生のゴジラ、いないかな？ 花巻東はもっと山奥とかで選手を探してこないと駄目だよ。左門豊作みたいな奴！」

もちろんこれは飲み会帰りのバカ話。面白すぎてメモを取ったほどだ。

大谷は2度救われた。1度目は選手を大局的に育てる花巻東の千里眼に守られ、ゆっくりと自分のペースで体づくりができたことだ。通常の高卒ルーキーに比べても、肩やひじの消耗が極端に少ない理想的な状態でプロ入りできたと言えるだろう。

2度目は仲間の底力に。「翔平はこんなもんじゃない。もう一度甲子園に連れて行くぞ」とチームは結束した。左腕小原大樹やシュートを駆使する右腕佐々木毅らがエース不在を埋める活躍で秋季東北大会ベスト4に入り、2012年春のセンバツ出場をたぐり寄せた。まだ全国で何の実績も残していない失意のエースに再び朗報が届いた。

花巻東の千里眼3

復活の春を待つ

ご飯どんぶりで朝3杯、夜7杯の食事トレーニング

2012年1月27日、第84回選抜高校野球大会の出場32校が決まった。花巻東は3年ぶり2度目のセンバツ切符。夏春連続の甲子園出場となった。

センバツを最も心待ちにしていたのが最速151キロ右腕の大谷翔平だろう。股関節の骨端線損傷で投げられる状態ではなかったが、2年夏の甲子園で150キロをマーク。チームは「翔平をもう一度甲子園に連れて行く」と、秋以降一度も登板のなかったエースのために激戦を戦い抜いた。

光星学院(青森)が秋の明治神宮大会で優勝し、神宮枠が増え東北は出場3枠に増えた。花巻東のセンバツ出場が有力になると、全国からマスコミが殺到。野球雑誌などを含めて17社。まだ一度も全国で勝っていない超高校級右腕が脚光を浴びた。

コーチ陣は「(菊池)雄星の比じゃない。1月から大谷フィーバーですよ。取材日を設定しないと練習にならない」と頭を抱えた。

雄星世代で全国的なファンができ、

菊池雄星(西武)から届いたバナナを食べる花巻東高の選手たち。右手前が大谷＝2012年2月、静岡合宿・宿舎

前年夏の甲子園は温かな拍手で花巻東を迎えてくれた。そこへ最速151キロを誇る全国屈指の投手が再び現れた。過熱報道も仕方ない。

大谷は嫌な顔一つせず対応するが、現状は自分が一番分かっている。「注目されるのはうれしいが、前評判だけで自分には何の実績もない。もちろん日本一を目標に、この冬で体をつくってきた自信はある。甲子園では納得できるストレートを投げたい」と自然体を貫いた。故障についても「痛みは12月から全くなく、年明けから投げ始めた。今の仕上がりが70％、3月にベストにする」と手応えを口にした。

どんぶりで朝3杯、夜7杯の食事トレーニング。投手陣で米を買い、自分でおにぎりをつくり、練習の合間に食べ続ける。入学時に186センチ、66キロだった細身の体は193センチ、86キロとなり、体重は20キロ増えた。冬にパンパンに太らせた体をトレーニングで絞る。その繰り返しで春夏を戦い抜く強い体ができる。

文句の付けようのない練習態度だが、佐々木洋監督はあえて厳しく接した。「実は先日も泣かせました。今しかないと思って…。大谷は謙虚で視野の広い投手だが、周囲に騒がれて投球練習でスピードに色気を見せたフォームになっていたので叱りつけた。

センバツを控え、中継プレーの確認で何度も中断する花巻東高の練習。真剣な表情で佐々木洋監督の指示を聞く選手たち＝12年2月16日、静岡市・草薙球場

花巻東高室内練習場で柔軟体操＝12年1月

140キロ後半でいい。低めに切れのある球を投げろと」

大谷は個人的な目標に最速160キロに掲げるが、指揮官から「雄星さんみたいになりたいでは駄目だ。雄星を超える決意で取り組め」と指摘され、最速163キロに書き直している。より具体的で明確な目標しか実現はしない。チームの勝利が最優先だと大谷自身も感じていたに違いない。「体ができて、正しいフォームで投げれば球速は付いてくる。今は勝つためにコースを投げ抜く力が重要。みんなのおかげでセンバツに行ける。秋以降投げられなかった分、甲子園で恩返しがしたい」と笑みを広げた。

どれほど悔しい思いをしたか。前年夏の甲子園で自分をマウンドに立たせてくれた仲間への感謝が彼の原動力だった。「翔平の力はこんなもんじゃない」。信じてくれたチームのために、大谷は復活のマウンドを目指した。「このままでは終われない」

マスコミの殺到は「大谷ばかり注目されて」とチーム内の不協和音を招いても仕方がない状況を生み出していたが、花巻東はそれさえも成長の力に変えた。「おい、いつまでも大谷だけのチームと言わせていていいのか。野手陣が力を見せるチャンスだ。花巻東の

花巻東の千里眼3

復活の春を待つ

ご飯どんぶりで朝3杯、夜7杯の食事トレーニング

総合力で見返すぞ」。選手の男気と反骨心に訴える佐々木監督と、それに応える純粋な岩手っ子たちの信頼関係がなければ、夏春連続の甲子園出場など望めなかっただろう。

彼らはともに練習する大谷の一投一打に「これがプロに入る選手か…」と衝撃を受け、「別次元」とは何かを知り結束力を高めていた。岩手から日本一。翔平と一緒なら、それも夢じゃない。野球に没頭する「岩手代表」の純粋さが、チームを戦う集団へと成長させていった。

印象深いのは2012年2月半ばのセンバツに向けた静岡合宿だ。草薙球場の正面には沢村栄治とベーブ・ルースが対戦する姿の立像がある。当時は「二刀流」など考えもしなかったが、何かの縁だろう。花巻東は雪でグラウンドが使えず、土の上で実戦経験を積むために遠征している。地元岩手の記者が数人帯同し、スポーツ紙の東北担当が時折顔を見せるだけ。選手にとっては久々に野球に集中できる環境だ。こちらにとっては取材し放題。大谷と宿舎ロビーで1時間近く語り合ったのが懐かしい。

彼にはどうしても聞きたいことがあった。センバツが決まり、取材陣に囲まれる彼の言葉が変わってきたからだ。おそらく意識して仲間のエピソードを挟んでいた。持ち球について質問が飛べば左腕小原大樹の名を挙げ「大樹は自分よりも制球力があり、あのカーブは打ちづらい。打席に立つと分かるんです。スライダーは直球の軌道

時折笑みを見せながら練習する＝12年1月、花巻東高室内練習場

花巻東高室内練習場でダッシュ＝12年1月

から変化するが、カーブは目線から一度外れて浮くから迷う。それで自分もカーブを磨きました」と説明する。

投球フォームの話になると、同じ右腕の佐々木毅が登場。大谷は「自分よりも毅の方がいいフォームで安定している。なぜ速い球が投げられるかは結局、リリースで球を切る速度。腕を伸ばし、できるだけ前で投げることを意識している」と答えた。

全国から集まった記者陣も面食らったに違いない。小原って誰。佐々木毅って何番なのと。

まだ17歳だ。「自分の言葉がどう扱われていくか。自問自答を繰り返した末に『仲間を語る』にたどり着いたと推測するが、どうだろうか」と問い掛けると、大谷はこちらに真っすぐな目を向けたまま、「えぐい質問しますね」とニヤっと笑った。「野球は一人じゃ勝てない。全員が絡み合い、出塁も走塁も一つのプレーに何人もが協力する。みんなの力でセンバツに行ける。甲子園では、そこに自分の力を加えたい」と闘志を燃やした。

出塁や走塁という場面で、何人もが協力して一つのプレーが成り立つと認識している高校球児はどれだけいるのだろうか。聡明で思慮深い背番号1の言葉に驚かされるばかりだった。

花巻東の千里眼4

センバツ短い春

翔平はこんなもんじゃない

2012月3月21日、第84回選抜高校野球大会に挑んだ花巻東は開幕日の1回戦で大阪桐蔭と激突した。

花巻東は4番大谷翔平が二回に、注目の197センチ右腕藤浪晋太郎から右越えソロを放ち先制。四回に7番田中大樹の右前適時打で2―0と加点したが、後半に崩れた。

主戦大谷は五回まで無失点投球だったが、六回にピンチを招き内野ゴロの間に失点、さらに左越え2点打で2―3と逆転を許すと、七回は左越え2点本塁打を浴び、2―5と突き放された。九回も守りのミスが重なり失点し大敗となった。

奪三振11、与四死球11―。それがすべてだった。大谷は「自分のせいでチームが負けた。野手陣に申し訳ない」とうなだれた。最速150キロをマークするなど快速球と鋭い変化球で非凡さを見せた一方、最後まで制球が定まらなかった。173球を投げ九回途中降板。不完全燃焼のまま花巻東の短い春が終わった。

午後5時31分から照明がともった第3試合。寒さがしみる甲子園のマウンドで背番号1は立ち尽くした。確かに六回に左越え2点二塁打などで3点を奪われ逆転を許し、七回は相手主砲に手痛い2ランを喫したが、それでも8回2/3を投げ被安打7。強力打線との勝負に負けたのではなく、調整不足が響き中盤以降に自らの制御が利かなかっただけだった。

相手を警戒して丁寧に投げ過ぎたとも言えない。追い込めば三振に仕留めた。「結局は相手じゃなくて自分のフォームの問題。故障が長引いて、まだしっかりした形ができていなかった…」と肩を落とした。

昨夏以降、公式戦登板がなく、誰も実際に万全な投球を見たことがないにも関わらず、大会開幕前からプロ注目の「高校ビッグ3」と騒がれ、脚光を浴びた。迷い、不安、焦り。大谷はマウンドで自分自身と戦っていたに違いない。

佐々木洋監督は「五回までは修正しながら投げていたが…。余計な力が入っていて、捕手からもインステップ気味になっていると指摘があったが、余計に悩ませるかもしれない。試合中に本人に言うべきかも迷っていた」と明かす。痛みが消えたとはいえ、投球は試運転だった。

スコアは完敗だ。11四球と自ら崩れた悔しい試合だったが、未完のエースが強打の大阪桐蔭から11三振を奪ったことも事実。捕手佐々木隆貴は「中盤で大谷の球が浮いてきたので、何とか変化球でかわそうとしたけれど…。守備の乱れもあり踏ん張れなかった」と語っている。球数が100球を超えて切れが落ちてきた大谷に、狙い球を絞って大阪桐蔭が襲いかかった。出場32校中トップのチーム打率3割9分2厘を誇る相手打線は甘くなかった。

「翔平はこんなもんじゃない」。その言葉は色あせることなく選手たちの心に刻まれ、最後の夏へと夢は持ち越された。

県大会、東北大会を必死に戦い抜いたのが左腕小原大樹と、右の佐々木毅だ。花巻東が誇る「3本の矢」は常に

先発し、大阪桐蔭を相手に8回⅔を投げた花巻東の大谷
＝2012年3月21日、甲子園

センバツの最終調整。練習後に報道陣約40人に囲まれ、意気込みを語る＝12年3月20日、兵庫県芦屋市・甲南高グラウンド

花巻東の千里眼 4

センバツ短い春

翔平はこんなもんじゃない

センバツ直前、フォームを確認しながらブルペンで調整＝12年3月

センバツを控え、合宿で打撃練習に集中＝12年2月11日、静岡市・草薙球場

一緒に行動し切磋琢磨してきたが、甲子園切符をつかんでも、公式戦登板から遠ざかっていたエース大谷に甲子園の先発マウンドを譲った。

彼らはどう考えていたのか。大谷への嫉妬はないのか。二人は「みんなで一緒に日本一を目指して練習してきた。大谷一人で全試合を戦えるわけじゃない。僕らの力が必要になる場面が必ず来ると信じている」、「ベンチに入れなかった選手もいるのに、自分たちが腐ってるわけにいかない。もちろん大谷だけのチームじゃないと甲子園で証明したい」とあっけらかんと笑顔で答えた。本当は悔しさだってあるに違いない。だから技術を磨き、心を鍛えて来るべき時に備えた。

花巻東には雄星世代から続いてきた哲学がある。元気、全力疾走、カバーリングの徹底だ。声を出し、全力疾走し、ミスに備えたカバーリングを怠らない。誰にでもできることだ。

甲子園練習という約30分の限られた時間内でさえ、佐々木監督はノックの途中で選手に「オールエラー」を命じた。内野陣が次々とトンネルや暴投を繰り返す異様な光景に、全国の記者陣が度肝を抜かれた。広い甲子園球場でカバーリングの距離感を探ると同時に、ミスを恐れない心構えを確認するためだった。

指揮官の言葉が選手たちの気持ちを一つに束ねる。「万一にもないエラーに備えて全員がカバーし合う。だから思い切ったプレーができるんじゃないのか。それは野球だけじゃない。社会に出たって同じだ。凡退でも決して諦めるな。全力疾走する懸命さが相手のミスを誘うかもしれない。スピードを緩めず一塁を駆けろ。県代表としての責務だ。花巻東だけでなく、アルプス席で応援している仲間の存在を忘れるな」と訴える。

大谷を育てた花巻東の環境はまるで「哲学教室」のようだ。一方で練習になれば、指揮官自身も盛り上げ役となり底抜けに明るい。「監督さーん、熱いノックお願いします」と内野陣が声を張り上げてアピールすると、指揮官は「指導には段階ってもんがあるんだよー」と怒鳴り返し、弱々しいノックしか打たない。漫画のような世界だ。

大谷が最上級生になると、佐々木監督は大谷だけを1年生らが住む別棟の学生寮に移した。「とにかく故障を直すために休養が必要だから。同じ3年生が一緒だと互いに話したくなったりするけど、他が1年生なら洗濯から何から自分のペースでできるでしょう」。睡眠時間の確保が狙いだったが、それだけで終わるわけがない。

大阪桐蔭―花巻東　4回裏花巻東1死一、二塁、田中の右前適時打で、二走大谷が生還。2−0とする＝12年3月21日、甲子園

実は大谷は朝の点呼に遅れた罰として、学生寮前の雪かき係を1週間やらされていたという。監督も知らなかった。「後で聞いてひっくり返りましたよ。何のために配慮して寮を移したのか。子どもたちのルールだから仕方ないかもしれないけれど、大谷も大谷ですよ。『雪かき、寒かったです』しか言わないんだから」。大谷らしい笑い話だ。

コーチが密かに甲子園のバックスクリーンにノックを打ち込もうと狙っていたり、部員はスナック菓子「しみチョコ」を食べていいかどうかで激論を交わしたり、一言で言えば「優しくって少しバカ」。花巻東が多くの県民に愛される理由だ。

大阪桐蔭の藤浪から、右越えに先制本塁打を放つ＝12年3月21日、甲子園

花巻東の千里眼5

高校最速160キロ

最後の夏に3年計画を実行

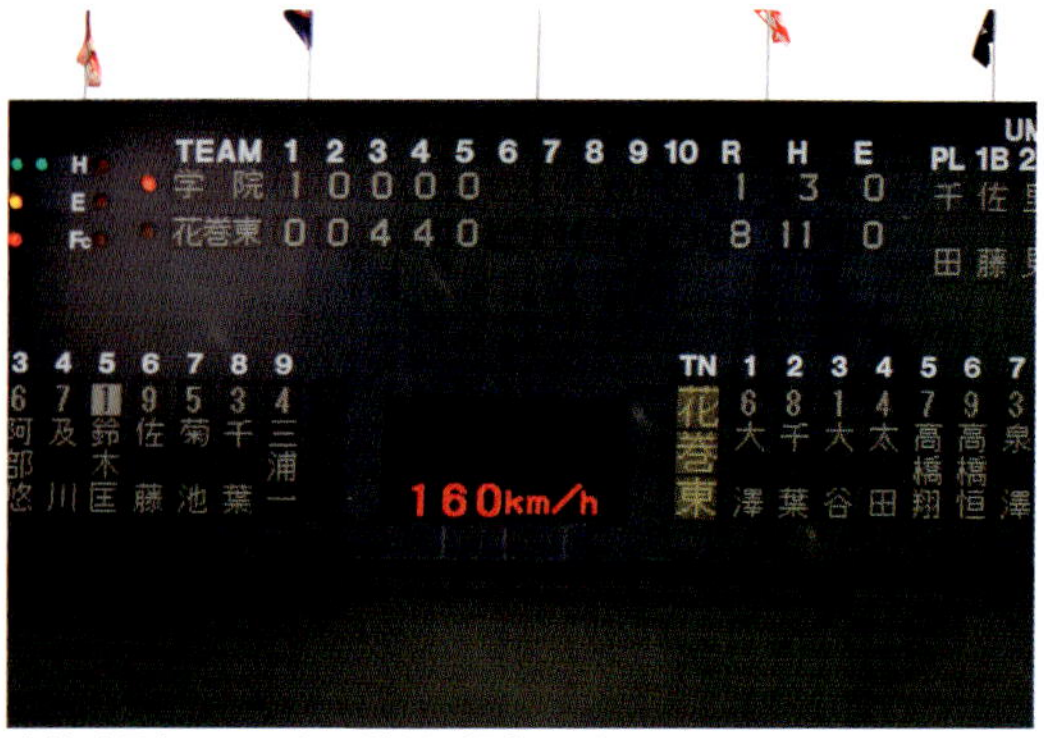

高校球界初の160キロを計測。観客から歓声が上がった

２０１２年７月19日、盛岡市の県営球場で開かれた第94回全国高校野球選手権岩手大会で花巻東の主戦大谷翔平が一関学院との準決勝で高校球界最速の１６０キロをマークした。

１９３センチの長身右腕がついに本領を発揮した。１６０キロ。衝撃の数字が電光掲示板に浮かんだ。大谷がマウンドでガッツポーズする。「１６０キロは監督と一緒に目標にしてきた数字。出せてうれしい」とほおを紅潮させた。

大会初先発のマウンドで、大谷は初回から１５０キロ台を連発。一関学院も直球に狙いを絞り食らいついた。初回２死一塁から１５５キロを相手４番に左翼へ痛打され１失点。先制点を奪われたが、そこから冷静になりチェンジアップなど変化球も巧みに使い、被安打３、13奪三振で７回コールド勝ちをつかんだ。

圧巻の１６０キロは８―１で迎えた六回２死二、三塁から。５番鈴木匡哉を迎えて気合が入った。初球と３球目に１５７キロ。４球目でついに１５９キロをマークし、球場の期待は最高潮に。フルカウントから「最も自信のある球を思い切り投げた」と語る１球で１６０キロをたたき出し見逃し三振。「球場がざわついたけれど、自分では気付かなかった」と照れ笑いした。

低めに制球された１６０キロは別次元のすさまじさだ。打席の鈴木は「ワンバウンドだと思ったら、そこから伸びてきた」と驚きを口にした。

１６０キロは大谷が高校入学時に指揮官と約束した数字だった。それを目標に３年間の計画を立て、筋力強化や食生活など細かな目標達成を重ねてきた。佐々木洋監督は「春先は目標が高すぎたと反省した時期もあった。球速がすべてではないが、うれしいですね」としみじみと振り返った。

大谷の１球は勝敗を超えて伝説となった。１球ごとにじわじわと上がってくる球速表示。出るぞ出るぞと大台を予感させる演出のような展開。フルカウントから指にかかった回転のいい直球が低めから伸びてストライクゾーンへ。全力で蹴り上げた足で砂ぼこりが舞う中、大谷は小さくガッツポーズを決めて、ベンチに戻っていった。

決勝は盛岡大付との一戦。大谷はまさかの序盤４失点と苦しんだ。二回に１５６キロ、１５３キロを打たれ、２死一、三塁から変化球を左前打され先制点を許すと、三回には４番二橋大地に１４８キロの外角球を左翼ポール際へ運ばれる３ランで０―４の劣勢に回った。計15奪三振をマークしたが、打線は相手左腕の緩急に苦戦し八回まで４安打１得点。最終回の反撃も届かな

3年夏の岩手大会準決勝。躍動感あるフォームで160㌔をマーク＝2012年7月19日、盛岡市・岩手県営球場

3年夏の岩手大会決勝で敗退し、記者会見で涙を浮かべる
＝12年7月26日、盛岡市・岩手県営球場

3年夏の岩手大会準決勝　160キロをマークした試合で2安打を放ち投打で活躍した
＝2012年7月19日、盛岡市・岩手県営球場

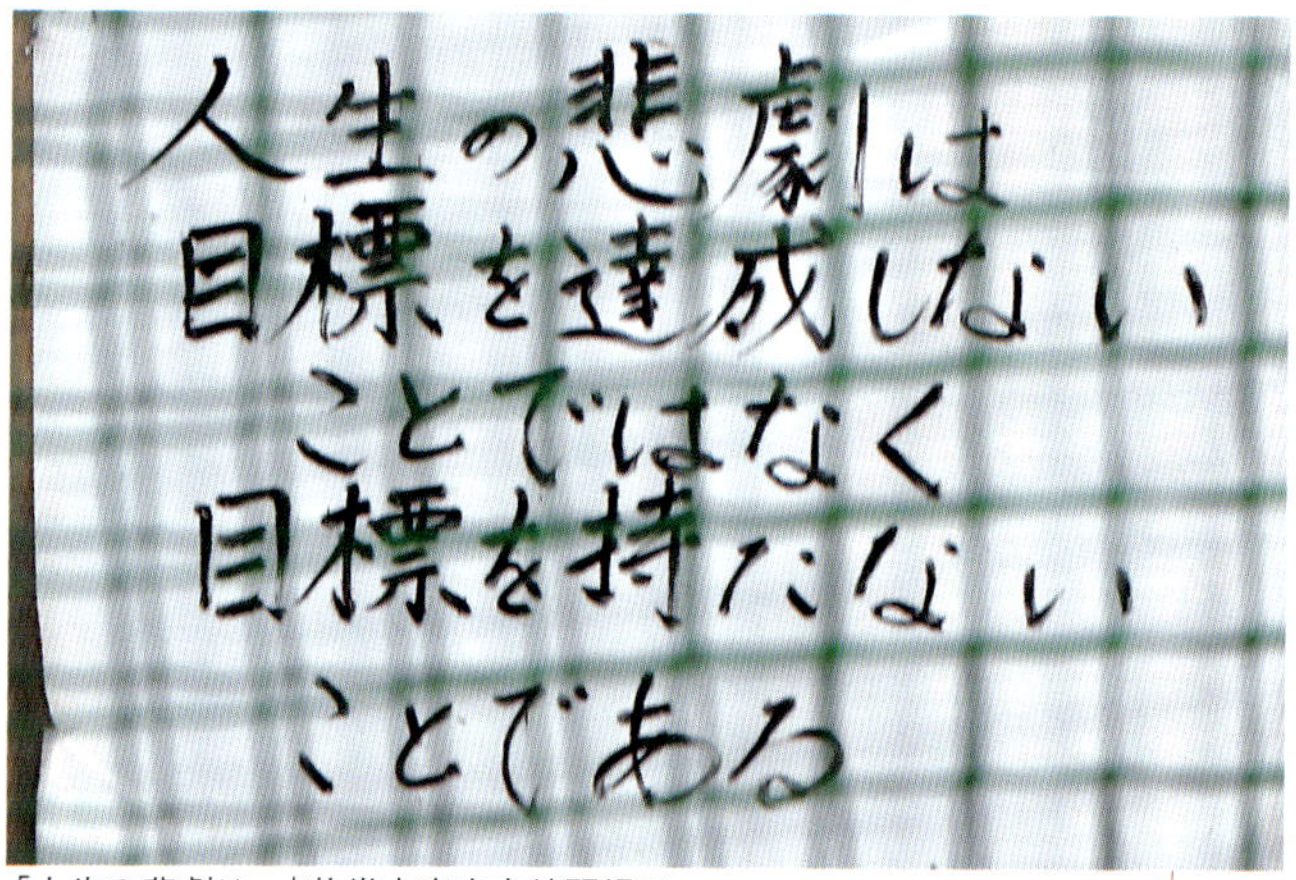

「人生の悲劇は―」花巻東高室内練習場に
掲げられている

花巻東の千里眼 5

高校最速160キロ

最後の夏に3年計画を実行

かった。

プロ野球オールスター戦の開催を挟んだため、準決勝から中6日となった決勝。盛岡大付は投球間の約半分の距離から150キロのマシンを打ち込み、速球対策を徹底していた。マシンには手書きで「大谷君」と書いた紙。敵チームの主戦を君付けで呼ぶあたりが律儀な盛岡大付らしい。

関口清治監督は「大谷翔平という存在が岩手の打撃レベルを上げた大会だ。全国屈指の好投手がいる以上、150キロ超の速球を攻略しなければ甲子園に行けない。各校が対策を練り、選手たちが例年以上にバットを振り込んでいたはずだ」と述べた。

大谷は「ボールを絞って振り抜く相手の力はすごかった。自分の力が足りなかった」とうなだれた。泣き叫びたい心境だったろうが、彼は自らを責め続けた。「日本一に挑戦もできずに(夏が)終わってしまい申し訳ない。岩手の方々に日本一を取って喜んでもらいたかったが、それができなくて悔しい」と声を詰まらせた。

いや、そうじゃない―。大谷が持つ壮大なスケール感があればこそ、花巻東は日本一の夢を重ねて心を一つに戦えたのではなかったか。「大谷だけのチームじゃない」「翔平をもう一度甲子園へ連れて行く」―。相反する言葉の裏にあったのはエース大谷への絶大な信頼だったはずだ。

9月には韓国ソウル市で開かれた野球の18U(18歳以下)世界選手権大会の日本代表に選出され、主に4番指名打者で起用された。5位決定戦の韓国代表戦に先発し、最速155キロをマークするなど7回を投げ2失点、12奪三振と好投したが、打線の援護がなく0―3で敗れて敗戦投手となった。

約2週間にわたる帯同取材は懐かしい思い出だ。大谷代表選出の吉報を受け、急きょ決まった海外取材。現地には1泊3万円近い高級ホテルしか残っていない。最悪の場合は自腹でも仕方

18U世界選手権　第2ラウンドのコロンビア戦でバットを折りながら左前打で出塁した大谷＝12年9月5日、韓国ソウル市・木洞球場

3年夏の甲子園出場を逃し、室内練習場でインタビューに答える＝12年7月26日、盛岡市・岩手県営球場

ないと思いながら上司に相談すると、なぜか会社から即日のゴーサイン。とにかくソウル市に入り、連日大谷ばかりを取材した。

驚いたのは大谷だ。「えっ、岩手から来たんですか」。そりゃ、そうだ。地方新聞社の帯同取材など聞いたことがない。

試合で4打数無安打に終わっても問答無用だ。自分でも無茶を承知で大谷に駆け寄る。「どの凡退が良かった?」と質問すると、大谷は「何ですか、その質問。マジっすか？　きょうは藤浪君の好投でしょう。話すことないですよ」と苦笑しながらも「動く球をもう少し引きつけて打てばよかった。全体的にタイミングは合ってきた」と1打席ずつ丁寧に解説してくれた。どこまでも謙虚でいい青年だ。

大谷は韓国でも有名で、サインを求める人が殺到した。150キロ中盤をたたき出し、球速表示に球場全体がどよめいた。見たいと思われる選手であることがプロの必須条件なら、投打ともに大谷には「プロ」にふさわしい華があった。まだ原石だが、やがて世界を魅了する大投手、大打者になるに違いないと実感した取材だった。

運命のドラフトが近づいていた。佐々木監督は「プロ球団の評価が分かれて、ドラフト1位で『大谷翔平(投手)』と『大谷翔平(外野手)』の両方がコールされないですかね。まさかの1位指名重複。面白いですよ」とまだまだのんびり構えていたが、今思えば、そんな冗談の中にも「千里眼」は発動していたのかもしれない。

18U世界選手権に出場、投打で存在感を発揮した＝12年9月1日、韓国ソウル市・蚕室球場

大谷翔平高校3年間の公式戦成績

■打撃成績

	大会名	回戦	試合	打数	安打	二塁打	三塁打	本塁打	三振	四死球	打点	打率
2010年（1年生）	春季地区予選	2回戦	○19－1紫波総合（5回コ）	4	1	0	0	0	1	0	2	.250
		代表決定戦	○5－4遠野	4	2	0	0	0	0	1	1	.500
	春季県大会	1回戦	○2－1盛岡大付	4	0	0	0	0	2	0	0	.000
		2回戦	○5－2宮古商	4	1	0	0	0	0	0	0	.250
		準々決勝	○14－5伊保内（7回コ）	4	2	1	0	0	1	0	2	.500
		準決勝	○4－2大船渡	4	0	0	0	0	0	0	0	.000
		決勝	●1－3久慈	5	0	0	0	0	0	0	0	.000
	春季東北大会	2回戦	●0－3東日本国際大昌平	2	0	0	0	0	2	0	0	.000
	夏の岩手大会	4回戦	●0－8盛岡中央（7回コ）	1	1	1	0	0	0	0	0	1.000
	秋季地区予選	1回戦	○7－0紫波総合（7回コ）	3	1	1	0	0	0	1	1	.333
		2回戦	○10－0花巻農（5回コ）	3	0	0	0	0	0	0	1	.000
		代表決定戦	○9－2大迫（8回コ）	4	2	1	0	0	0	1	1	.500
		第1代表決定戦	○6－3花巻北	4	2	1	0	0	0	0	1	.500
	秋季県大会	2回戦	○7－1久慈工	4	2	0	0	0	0	0	1	.500
		準々決勝	○9－0黒沢尻北（7回コ）	4	1	1	0	0	1	0	1	.250
		準決勝	●3－4一関学院（延長10回）	5	2	1	0	0	0	0	2	.400
		3位決定戦	○5－4盛岡大付	5	2	2	0	0	0	0	1	.400
	秋季東北大会	1回戦	●3－4学法福島	5	3	0	0	0	0	0	2	.600
2011年（2年生）	春季地区予選	2回戦	○19－0花巻南（5回コ）	5	4	1	1	1	0	0	5	.800
		代表決定戦	○14－0花巻農（5回コ）	3	1	0	0	0	0	0	0	.333
	春季県大会	1回戦	○3－1盛岡大付	4	1	0	0	0	1	0	1	.250
		2回戦	○8－7岩泉（延長10回）	5	2	0	0	0	0	0	0	.400
		準々決勝	○11－1釜石商工（5回コ）	4	3	0	0	1	0	0	4	.750
		準決勝	○10－0盛岡一（6回コ）	4	2	0	0	0	0	0	2	.500
		決勝	○10－4水沢	5	3	1	1	0	0	0	2	.600
	夏の岩手大会	3回戦	○7－0福岡（7回コ）	3	2	0	0	0	0	1	2	.667
		4回戦	○5－4久慈東	4	1	0	0	0	0	1	1	.250
		準々決勝	○6－2大船渡	4	2	1	0	0	1	1	1	.500
		準決勝	○4－3盛岡四	2	0	0	0	0	0	2	0	.000
		決勝	○5－0盛岡三	4	2	0	0	0	0	1	0	.500
	夏の甲子園	1回戦	●7－8帝京	3	1	0	0	0	1	2	2	.333
	秋季県大会	準々決勝	○5－2盛岡大付（延長11回）	0	0	0	0	0	0	1	0	***
		決勝	○6－0一関学院	1	1	0	0	0	0	0	1	1.000
	秋季東北大会	2回戦	○9－8日大山形	1	0	0	0	0	0	0	0	.000
		準々決勝	○2－1学法福島	4	1	0	0	0	0	0	0	.250
		準決勝	●8－9光星学院	3	2	2	0	0	0	2	1	.667
2012年（3年生）	センバツ甲子園	1回戦	●2－9大阪桐蔭	3	1	0	0	1	0	1	1	.333
	春季地区予選	2回戦	○10－0遠野緑峰（6回コ）	3	3	1	0	2	0	1	4	1.000
		代表決定戦	○10－0花巻農（5回コ）	3	3	0	0	1	0	1	5	1.000
	春季県大会	1回戦	○7－0大東（7回コ）	4	3	0	0	0	0	0	0	.750
		2回戦	○11－4専大北上（8回コ）	4	0	0	0	0	0	1	0	.000
		準々決勝	○2－0盛岡市立	3	0	0	0	0	1	1	0	.000
		準決勝	●1－5盛岡大付	4	1	0	0	0	0	0	0	.250
		3位決定戦	○9－2盛岡三（8回コ）	4	2	1	0	0	0	1	0	.500
	春季東北大会	1回戦	○8－1利府（8回コ）	4	2	0	0	0	1	0	1	.500
		2回戦	○9－1大館鳳鳴（7回コ）	2	0	0	0	0	0	2	0	.000
		準決勝	●9－10盛岡大付	4	3	0	0	1	0	1	1	.750
	夏の岩手大会	2回戦	○12－0宮古水産（5回コ）	2	1	0	0	1	0	1	3	.500
		3回戦	○9－1水沢工（7回コ）	3	2	1	0	0	0	1	2	.667
		4回戦	○10－0伊保内（5回コ）	2	1	0	1	0	0	1	0	.500
		準々決勝	○3－0盛岡四	4	1	0	0	0	0	0	0	.250
		準決勝	○9－1一関学院（7回コ）	3	2	1	0	0	0	1	1	.667
		決勝	●3－5盛岡大付	4	2	0	0	0	0	0	1	.500
計			53試合	184	77	18	3	8	12	27	57	.418

■投手成績

	大会名	回戦	試合	投球回	打者数	被安打	奪三振	与四死球	自責点	防御率
2010年（1年生）	夏の岩手大会	4回戦	●0－8盛岡中央（7回コ）	1	5	0	0	1	0	0.00
	秋季地区予選	代表決定戦	○9－2大迫（8回コ）	3	11	1	5	1	0	0.00
		第1代表決定戦	○6－3花巻北	9	39	6	10	6	3	3.00
	秋季県大会	準々決勝	○9－0黒沢尻北（7回コ）	1	4	1	1	0	0	0.00
		準決勝	●3－4一関学院（延長10回）	9 0/3	37	6	8	4	2	2.00
		3位決定戦	○5－4盛岡大付	4	19	4	4	4	3	6.75
	秋季東北大会	1回戦	●3－4学法福島	4	15	1	5	2	0	0.00
2011年（2年生）	春季地区予選	2回戦	○19－0花巻南（5回コ）	5	17	0	11	1	0	0.00
	春季県大会	1回戦	○3－1盛岡大付	9	33	3	13	2	1	1.00
		2回戦	○8－7岩泉（延長10回）	4 1/3	20	5	6	2	1	2.08
		準決勝	○10－0盛岡一（6回コ）	6	23	5	10	2	0	0.00
		決勝	○10－4水沢	2	9	3	2	1	1	4.50
	夏の岩手大会	4回戦	○5－4久慈東	1 2/3	10	2	3	2	2	10.80
	夏の甲子園	1回戦	●7－8帝京	5 2/3	28	6	3	5	1	1.59
2012年（3年生）	センバツ甲子園	1回戦	●2－9大阪桐蔭	8 2/3	43	7	11	11	5	5.19
	春季県大会	2回戦	○11－4専大北上（8回コ）	6	26	1	12	7	3	4.50
	春季東北大会	1回戦	○8－1利府（8回コ）	8	35	9	11	2	1	1.13
		2回戦	○9－1大館鳳鳴（7回コ）	7	30	6	2	4	1	1.29
	夏の岩手大会	3回戦	○9－1水沢工（7回コ）	1	3	0	1	1	0	0.00
		準々決勝	○3－0盛岡四	1 2/3	4	0	2	0	0	0.00
		準決勝	○9－1一関学院（7回コ）	7	26	3	13	2	1	1.29
		決勝	●3－5盛岡大付	8 2/3	36	9	15	1	5	5.19
計			22試合	112 2/3	473	78	148	61	30	2.40

1年春に4番デビュー、3年夏は強打のエース

【2010年春季県大会】

部長／流石　裕之　　監督／佐々木　洋

背番号	氏　名	学年	身長	体重	出身校
①	伊藤　創	3	176	76	西南
◎②	佐々木大樹	3	178	83	水沢
❸	玉山　勇基	3	178	80	東山
❹	和泉　新	3	164	65	気仙
❺	中平　蓮	3	166	72	長内
⑥	岩渕　拓也	3	176	76	東山
❼	伊藤　裕貴	3	167	72	附馬牛
❽	長原　拓	3	170	70	東和
⑨	渡辺　宗真	3	178	74	水沢
⑩	高橋　友	3	181	85	和賀西
⓫	吉田　陵	3	183	79	矢巾
⑫	菊池　和寿	3	172	70	青笹
⓭	村上　健太	3	170	61	和賀西
⓮	佐々木　泉	2	171	67	下小路
⑮	高橋　知矢	2	179	69	北上北
⑯	山本　英	2	178	78	上田
⓱	太田　知将	1	178	77	見前
⓲	大谷　翔平	1	189	66	水沢南
⓳	杉田　蓮人	2	185	75	城西
⑳	厚楽　雅史	2	183	85	遠野・土淵

◎は主将。白抜きの丸数字は左打者（両打ちを含む）。
（岩手日報2010年5月19日付より）

【2012年夏の岩手大会】

部長／流石　裕之　　監督／佐々木　洋

背番号	氏　名	学年	身長	体重	投打	出身校
①	大谷　翔平	3	193	86	右左	水沢南
②	佐々木隆貴	3	171	71	右右	大槌
③	高橋　翔飛	3	170	70	右左	江釣子
④	太田　知将	3	177	80	右左	見前
⑤	後藤　湧大	3	174	68	右左	江刺一
◎⑥	大沢　永貴	3	167	65	右左	三崎
⑦	田中　大樹	3	171	68	右右	江釣子
⑧	千葉　峻太	3	162	58	左左	東山
⑨	高橋　恒	3	179	80	右右	小山
⑩	大向　優司	3	165	63	左左	長内
⑪	佐々木　毅	3	178	70	右右	大平
⑫	小原　大樹	3	178	74	左左	滝沢二
⑬	山根　大幸	3	180	72	右左	崎山
⑭	古水　将寛	3	179	80	右右	北陵
⑮	皆川　清司	3	168	69	右右	小川
⑯	木村　隼	3	169	72	右右	一関
⑰	山下　駿人	2	175	65	右右	一戸
⑱	武田　大生	2	171	67	右左	末崎
⑲	泉沢　直樹	2	178	77	右右	北陵
⑳	鹿糠　俊輝	2	176	72	右右	久慈

◎は主将。（岩手日報2012年7月5日付より）

Beyond the borders Ⅰ

目標達成シート

意識は「最高峰」超え

大谷翔平の出発点とも言える1枚の紙がある。2010年12月6日。花巻東高1年時に書き込んだ目標達成シートだ。当時16歳の彼は、9×9の81コマに仕切られたシート中央に、最大目標「ドラ1。8球団」と書き込んだ。ちなみに先輩菊池雄星は高校2年時、同シートに「高卒でドジャース入団」と書き残している。

両投手とも高卒時点で米メジャー挑戦を真剣に悩み、国内プロ野球を選んだ菊池が6球団競合、大谷は米挑戦を表明したが、ファイターズの熱意あふれる単独指名で「二刀流」の道を選択。ともに高校時代に掲げた夢は叶わなかったが、高い目的意識に支えられた無駄のない日々こそが、その後の活躍を可能にした。

日本一を強烈に意識

大谷の「8球団」は当然、菊池を意識した数字だろう。大谷は「誰もやったことのないことがしたい。もし雄星さんの世代がセンバツや甲子園で日本一になっていたら、僕は花巻東高を選んでいなかったかもしれない」と当時を振り返っている。

甲子園で対戦が決まると相手校が喜ぶほど弱かった岩手県代表。「これ以上、なめられてたまるか」と反骨心と使命感を胸に「岩手から日本一」を掲げて09年春夏に快進撃を見せた菊池雄星ら先輩の姿に触発され、強烈に「日本一」を意識して同校に入学した世代だった。県内から有望中学生選手が集まる同校だが、09年は誰一人として選手に声を掛けていない。佐々木洋監督は「うちは岩手の選手だけで日本一を目指すチーム。このタイミングで進路を迷うような子は無理に声を掛けても合わない。野球の技術ではなく、センスの問題ですよ」と打ち明けた。そこで集まったのが大谷世代だ。巧打の主将大沢永貴、左の強打者太田知将、捕

日本一をともに目指した高校時代の球友は語る。「おれたちの翔平はこんなもんじゃない」
プロ野球の5年間に声援を送ったファンは叫ぶ。「寂しくなるが、大リーグで輝いてほしい」
境界も限界も国境も「決められたもの」に過ぎない。多くの人々の夢を託され、背番号17は海を越える。

the borders

大谷が変えた5つの常識

文◉村上弘明

Beyond

花巻東3年の夏の岩手大会　一関学院戦で160㌔をマークし雄たけびを上げる＝2012年7月19日、盛岡市・岩手県営球場

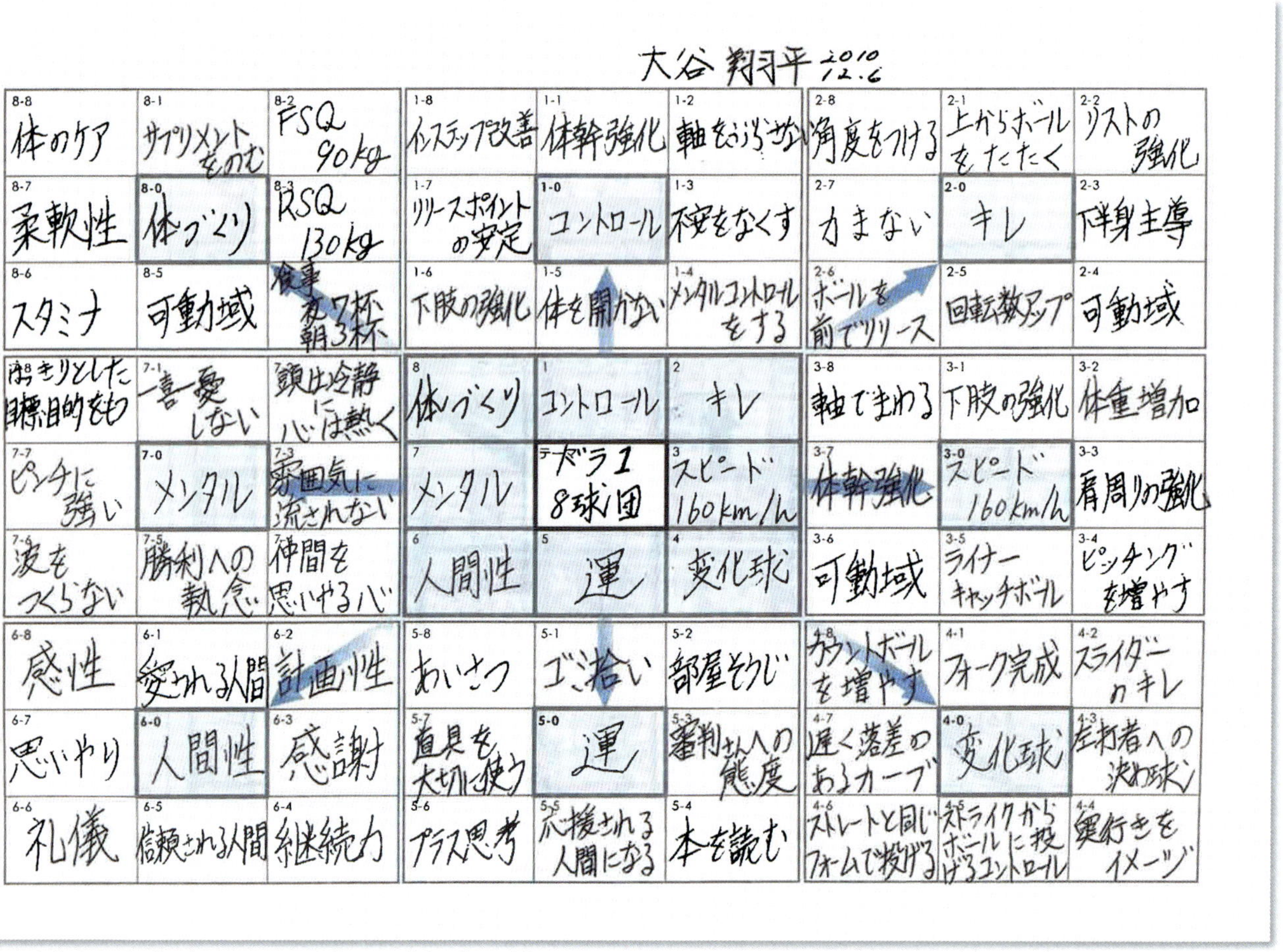

大谷翔平 2010 12.6

8-8 体のケア	8-1 サプリメントをのむ	8-2 FSQ 90kg	1-8 インステップ改善	1-1 体幹強化	1-2 軸をぶらさない	2-8 角度をつける	2-1 上からボールをたたく	2-2 リストの強化
8-7 柔軟性	8-0 体づくり	8-3 RSQ 130kg	1-7 リリースポイントの安定	1-0 コントロール	1-3 不安をなくす	2-7 力まない	2-0 キレ	2-3 下半身主導
8-6 スタミナ	8-5 可動域	8-4 食事 夜7杯 朝3杯	1-6 下肢の強化	1-5 体を開かない	1-4 メンタルコントロールをする	2-6 ボールを前でリリース	2-5 回転数アップ	2-4 可動域
はっきりとした目標、目的をもつ	7-1 一喜一憂しない	頭は冷静に心は熱く	8 体づくり	1 コントロール	2 キレ	3-8 軸でまわる	3-1 下肢の強化	3-2 体重増加
7-7 ピンチに強い	7-0 メンタル	7-3 雰囲気に流されない	7 メンタル	ドラ1 8球団	3 スピード 160km/h	3-7 体幹強化	3-0 スピード 160km/h	3-3 肩周りの強化
7-6 波をつくらない	7-5 勝利への執念	仲間を思いやる心	6 人間性	5 運	4 変化球	3-6 可動域	3-5 ライナーキャッチボール	3-4 ピッチングを増やす
6-8 感性	6-1 愛される人間	6-2 計画性	5-8 あいさつ	5-1 ゴミ拾い	5-2 部屋そうじ	4-8 カウントボールを増やす	4-1 フォーク完成	4-2 スライダーのキレ
6-7 思いやり	6-0 人間性	6-3 感謝	5-7 道具を大切に使う	5-0 運	5-3 審判さんへの態度	4-7 遅く落差のあるカーブ	4-0 変化球	4-3 左打者への決め球
6-6 礼儀	6-5 信頼される人間	6-4 継続力	5-6 プラス思考	5-5 応援される人間になる	5-4 本を読む	4-6 ストレートと同じフォームで投げる	4-5 ストライクからボールに投げるコントロール	4-4 奥行きをイメージ

大谷翔平が高校1年の時に自ら書き込んだ目標達成シート。中央の「ドラ1」「スピード160㌔」は、両方とも2年後に達成した

手佐々木隆貴、左腕小原大樹、右の佐々木毅の投手陣。1年生から活躍した優秀なメンバーだった。

　彼らが高校生活で向き合い続けてきたのが目標達成シートだ。81マス。最終目標を囲む8マスには、目的達成の手段となる重要項目を書き込む。大谷は「コントロール」「キレ」「スピード160㌔」「変化球」「運」「人間性」「メンタル」「体づくり」と書いているが、いずれも投手を意識した目標だった点が興味深い。甲子園優勝、日本一という言葉もない。あくまでも個人の力量を向上させるための目標設定なのだ。

　重点項目の下に、さらに細かく8つの心掛けを書く。大谷らしさが見えるのは「人間性」を実現する8つの心掛けだ。「愛される人間」「計画性」「感謝」「継続力」「信頼される人間」「礼儀」「思いやり」「感性」が並んだ。

　「運」を導く心掛けに挙げた「審判さんへの態度」や「あいさつ」は、もはやどういう関連なのか理解できない。「審判さん」という呼び方がいいかどうかは別にして、確かに野球部メンバーのあいさつや感謝を示す態度は花巻市民の誇りでもある。遠征先でコンビニやコインランドリーに行くときでさえ、花巻東野球部は2列縦隊で道路を進み、交差点を直角に曲がる。

　元気なあいさつはすがすがしいの一言だ。立ち止まって必ず相手の目を見て、あいさつする。全国高校駅伝県予選に野球部メンバーで出場した際は、佐々木毅が沿道の声援に反応し、いちいち立ち止まって「応援ありがとうございます」と一礼しながら走った。グラウンドでは全力疾走をモットーとするチームだが、沿道から声が掛かると数㍍ごとに立ち止まってあいさつ。どこまでも愚直で憎めない花巻東の爆笑駅伝はもはや伝説だ。

日々の努力も怪物級

　甲子園出場時に他県の代表選手と同じ宿泊ホテルを訪れた小田島順造校長は「今のはうちの生徒ではありませんな」と見事に言い当てて、記者を驚かせた。「あいさつの声の大きさはとてもいいが、両足をそろえて立ち止まっていない。こちらの目をしっかり見ていない」とさらり。球運を呼び込むためだけでない。日常生活の中にも彼らが目指す「日本一」がある。それが花巻東の哲学だった。

　大谷がニコニコと朗らかに取材対応する姿は高校時代から変わらないが、足元を見れば、さらに強い印象を持つに違いない。彼は数十人に囲まれて取材を受ける際にも、必ず質問者の方向

マウンドから外野手に大きな声をかけるエース大谷＝12年7月19日、盛岡市・岩手県営球場

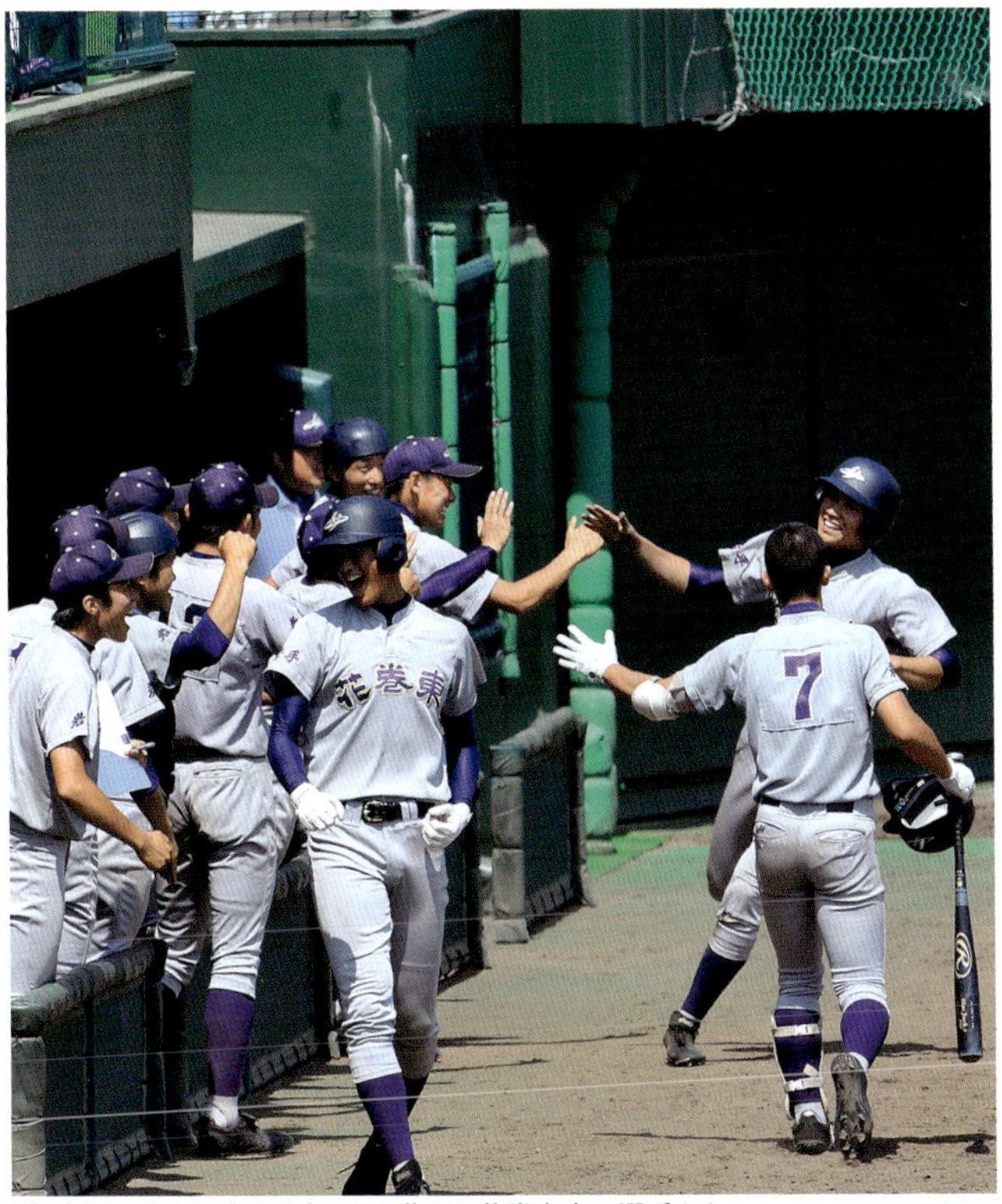

1年生の時から一緒に日本一を目指した花巻東高の選手たち

へ体を向け直し、相手の目を見て質問に答えるのだ。取材が終われば、こちらが片手を差し出しているのに、大谷は両手で包み込むような握手で応じる。何と丁重な選手なのか。これで、ほぼすべての記者が心を射貫かれる。付き合いが長くなると優しさが消えて、握手の力が強烈になる。パワー全開で握られると、あまりの痛さで泣きそうになる。本当は力加減を知らぬ「恐怖の握手」で相手を驚かし、笑っている方が大谷の素顔なのだろう。囲み取材を終えると、何食わぬ顔で脇腹にパンチを入れてきて、ニヤっと笑いながら去っていく。地元記者に対する彼なりの「愛情表現」と受け取っている。

プロ5年間は「模範解答」で駆け抜けてしまった感はあるが、人懐っこくて、イタズラ好きなやんちゃ坊主こそ彼の本来の姿だ。愛すべき仲間とともに野球に専念した高校時代。大谷は笑顔の輪の中心にいて、日々の努力を積み重ねて「怪物」へと進化を遂げていった。

目標設定がきょうという1日を変える。きょうという1日が私の未来を変える――。大谷の成長を振り返るとき、あの目標達成シートに始まった日々の努力と、その積み重ねに圧倒される。

Beyond the borders I

目標達成シート

意識は「最高峰」超え

Beyond the borders Ⅱ

ドラフト狂騒曲

米国挑戦は夢の入口

ドラフト1位指名にも「自分の思いは変わらない」と厳しい表情で語る大谷翔平＝2012年10月25日、花巻市・花巻東高

大谷翔平は花巻東高3年時に最初の米メジャー挑戦宣言をしている。

2012年10月21日、18歳の青年は「米国でプレーさせていただきたい。（メジャーリーグは）高校入学当初からの夢。厳しい環境の中で自分を磨きたい」と表明した。

25日のプロ野球ドラフト会議で1位指名が確実視される高校生選手が指名前に進路を米球界と宣言したケースはこれまで例がなかった。

約60人の報道陣が詰めかける中、最速160キロ右腕は「自分の中ではずっとメジャーへの思いが強かった。最初はマイナースタートかもしれないが、自分自身が納得できるように頑張りたい。（日米どちらかを選ぶ）難しい決断だったが、今は迷いはない」と力強く語った。晴れやかな笑顔が印象的だった。自らの内なる声に従い、正直であり続けた決断だった。

「早い段階で行きたかった」。米大リーグ挑戦を表明した大谷の決意理由はシンプルだ。現行のプロ野球制度では「脂がのった時期」にメジャー挑戦ができない可能性がある。プロ野球のフリーエージェント（FA）制は、国内移籍が累計8年、海外FA権は9年経過すれば取得できる。球団によってはポスティングシステム（入札制度）でFA権取得前でも海外移籍は可能だ。しかし、球団が入札を認めない場合もあり、海外FA権を取得できるのは大谷が27歳を過ぎてから。決して早いとは言えない。

運命の強行1位指名

08年のドラフト会議では、1位候補だった社会人野球の田沢純一投手が国内12球団に指名しないよう通知。日本野球機構（NPB）はドラフト指名を拒否して海外チームに入団した選手は、プレーして戻ってきた場合に大学・社会人は2年間、高校生とは3年間契約できないと決めている。有望な若手選手に対し、ドラフト指名を無視したら、たとえ国内に戻ってきても活躍の場を与えない。明確な脅しであり、嫌がらせのような復帰制限規定だった。岩手の若者が高らかに語った夢に国内世論の風向きも変わった。各新聞社は「姑息な手段ではもはや日本球界からの人材流出、空洞化は避けられない」、「前途ある若者の足を引っ張るな」と論陣を張った。

雨の中、花巻東高のグラウンドでキャッチボールをする大谷翔平。指名は聞かず黙々と練習していた＝12年10月25日

そこに飛び込んできたのがファイターズのドラフト強行指名だった。12年10月25日、運命のドラフト会議当日。大谷は自らがファイターズにドラフト指名された瞬間、花巻東高のグラウンドで遠投を繰り返していた。動揺する心を落ち着かせるように、冷たい雨に打たれながら白球に集中した。「自分としても（ドラフトが）心に残るのが嫌だった」。ファイターズは異例の措置としてドラフト前に1位指名を公表。確かにファイターズには1位指名する権利があり、大谷にも米球団と自由に交渉する権利がある。ファイターズの山田正雄ゼネラルマネジャー（当時）は「1位で強行する。（大谷が）メジャーに行きたいと言う前から決めていた」と説明し、1位指名権が無駄になるリスクを承知で「勝負」に出た。

胴上げも祝福もなし

指名を受けた大谷はファイターズの印象を丁寧に精いっぱい語った。「評価していただいたことはうれしいが、自分の気持ちは変わらない」。胴上げもなし、仲間の祝福もなし。毎年12人しかいないドラフト1位だが、これほど悲しい光景はなかった。

大谷もファイターズもどちらも悪くない。アマチュアの有力選手が米国に流出する事態があり得ることを知りながら、何も規定を設けず放置し続けたプロ野球界全体の怠慢とおごりを露呈しただけだ。「就職先」を選ぶ自由を人権ととらえるならば、国内プロ野球を望んでいない者は、自動的にドラフト指名が回避できる制度にするべきだろう。大谷に続き、直接メジャーリーグを目指す若者は今後も必ず現れる。その時も今と同じように「帰ってきても高卒選手は3年間、プロ野球から締め出す」という制度でいいのだろうか。

プロ野球と米国メジャーの境界線をいつか高卒有望選手らが超える日が来ても、日本のプロ野球は決して空洞化などしない。イチローが抜けても、松井秀喜が抜けても新たな若手選手の台頭がプロ野球界を盛り上げてきた。大谷が抜けたファイターズには新たなスーパースター候補が入団した。だからプロ野球は面白い。

ファイターズはその後、大谷に「二刀流」の育成プランを提示。大谷は「将

ファイターズの勇翔寮に入寮しポーズ＝13年1月9日、千葉県鎌ケ谷市

Beyond the borders Ⅱ

ドラフト狂騒曲

米国挑戦は夢の入口

来的にはメジャーリーグで長く活躍したい」という夢を実現するために入団を決意する。大谷はタフだった。誰も進んだことのない道を進もうとした18歳の決断は潔く、大リーグ挑戦の宣言を撤回し、ファイターズで日本一を目指した判断も間違ってはいなかった。米挑戦においても彼の前には、マイナー契約しかできない年齢制限が追加されるなどポスティング制度の壁があったが、「高いレベルで野球がしたい」という一心で、それさえも乗り越えた。金銭など気にもしない。マイナー契約からはい上がる覚悟だ。岩手から世界へと羽ばたくと誓った若者の純粋さが、日米野球界の「常識」を覆す原動力となった。

野球部の後輩や仲間から盛大に見送られ、3年間過ごした学びやを後にする=13年3月2日、花巻市・花巻東高

Beyond the borders Ⅲ

野球の楽しみ方

高校生160キロの衝撃

高校生最速の160キロを記録した1球。大谷翔平は異次元の領域にいた＝2012年7月19日、岩手大会準決勝一関学院戦

Beyond the borders Ⅲ

野球の楽しみ方

高校生160キロの衝撃

大谷翔平が根本的に変えたのは野球の楽しみ方だ。高校1年秋に投手大谷に出会って以来、取材陣はスコアの取り方から変更せざるを得なかった。

岩手県内の高校野球取材で、記者がスコアブックに記録するのは最高峰の県決勝でもストライク、ボール、球種をメモする程度だった。大谷の登場で、そこに「球速」が加わった。チェンジアップ、カーブ、スライダー、フォークを見極めるだけでなく、1球ごとにスコアボードの電光掲示で球速を確認した。最速何キロ投げるか分からない怪物だからだ。

被安打、与四死球、奪三振数などの投球内容よりも、いつ出るか分からないたった1球が大ニュースになるかもしれない。ピンチになればなるほど、彼の集中度が高まるほど「危険」だった。とにかく記者泣かせで、面倒くさい男なのだ。

1球ごと記者席騒然

高校3年の県大会準決勝はまさにそんな大騒ぎだった。一関学院高の中軸打者を迎えた大谷は157キロ、159キロとヒートアップ。記者陣からは悲鳴が漏れる。「これは…あるんじゃないの」「おい、出るぞこりゃ」「ヤバいヤバい」。本社に携帯電話をかけ始めた者もいる。紙面展開が変わるのだ。そしてフルカウントから最速160キロ。電光掲示の点滅にカメラのシャッタースピードが合わない。「160キロ」を撮り逃したら、もう会社に帰れない。

記者席から連写を続ければ、大谷本人がマウンドでほえる姿が撮れない。カメラ兼任の新聞記者は、投球する大谷、球速表示、大谷の表情という一連の動きをすべて撮影するつもりで、1球ごとにカメラを構えた。神経を使う作業だ。さらに恐ろしいのは大谷の体が予想以上に大きいということだ。普通の感覚で撮っていると、カメラの画面から頭がはみ出ていることが多かった。せっかく撮れた写真でも帽子から上が切れていると、写真はハイさようなら。こんなに写真が撮りにくい投手はいない。

韓国ソウル市での18U世界選手権でも152キロ、153キロと信じられない球速を次々とたたき出し、スタンドを魅了した。普段は選手の投げた、打った、走ったを目で追っていた観客たちも、大谷が登板すると「投げた」「球速表示」「どよめく」という循環で野球を楽しんでいた。追い込めば奪三振を期待し、カウントが悪くなれば飛球やゴロアウトではなく、与四球を期待した。満塁まで3走者をためても、最後は奪三振でピンチを切り抜ける、そんな姿が見たかったに違いない。日本—韓国戦では最速155キロをマーク。大谷が降板すると、多くの観衆がため息を漏らし、試合途中で席を立ち帰路に就いた。試合そっちのけの分かりやすい対応にこちらが驚いた。彼らが見たかったのは投手大谷だけだった。

誰もが夢を託す存在

多くの人が気付いているように、プロ入団当初の大谷は、リリースの瞬間

声を上げ、マウンドからベンチに戻る表情は気合十分＝2012年7月19日

18U世界選手権　先発して7回2失点12奪三振。3回には155キロを計測＝12年9月8日、韓国ソウル市・木洞球場

三塁側から撮影した高校3年時の投球フォーム。両腕を翼のように広げる瞬間を狙っていた＝12年7月19日

に両目をぱっちり閉じて腕を振っている。高校時代から変わらないクセだ。大半のプロ投手は腕を上げ、ボールが指にかかった状態の写真が新聞掲載されるが、大谷は両目をつぶってしまっているため、こうしたカットがほとんど使えない。当然、三塁側からのフォームや投げ終えた後のアクションが多くなった。

地元記者だから分かる大谷撮影マニュアルの基本だが、プロ野球を長年担当してきたスポーツ紙のカメラマンたちはまだそれを知らない。春の紅白戦だったろうか。同僚記者がくじ引きでカメラの席順を決めた時、バックネット裏ではなく、あえて三塁側に陣取ると、試合中盤には大谷の特徴に気がついたのだろう。「岩手のあんちゃん、なかなかやるじゃないか。なるほど三塁側ね」と褒められたという。左打者の大谷を撮影するためにも三塁側がベスト、投手大谷を撮影するためにも両腕を翼のように広げる瞬間を狙える三塁側がベストなのだ。

いよいよ米大リーグエンゼルスでの挑戦が始まる。大谷の投打二刀流を最大限に生かす上でも投手のローテーションが鍵だ。大谷は週1回ペースで先発登板し、週3、4日で野手（指名打者＝DH）として出場するのが理想だが、大リーグでも投手陣の負担軽減という側面からベンチ入りする投手数を増やしたり、中4日の投手陣と、中6日の大谷を組み合わせた新たなローテーションが発案されるかもしれない。大谷が「誰も歩いたことのない道を歩きたい」と挑戦を続けるように、野球ファンもまた「まだ誰も見たことのない速球を見たい」のだ。人間の限界ギリギリはどこにあるのか。165キロをマークした時も余裕だった。

本人は「170キロも行けるんじゃないですか」と無邪気そのものだが、本能的な好奇心をこれほどかき立てられる選手はいない。誰もが夢を託してみたくなる。それが大谷の最大の魔力だ。

Beyond the borders Ⅳ

投打二刀流

両立の新たな選手像

雨の中、16奪三振で完投。楽天をねじ伏せた＝2014年7月9日、コボスタ宮城

大谷翔平が残したプロ5年間の成績は非常に興味深い。プロ2年目には投手で11勝4敗、打者で2割7分4厘、10本塁打、31打点をマーク。プロ野球史上初の同一シーズンでの2桁勝利と2桁本塁打を達成している。ベーブ・ルースが引き合いに出されて、何となく見過ごされてきたのが「高卒2年目で本塁打10本」という記録の偉大さだ。大谷の打撃の凄みがここにある。

王氏超える量産水準

プロ野球において高卒1年目で2桁本塁打をマークしたのは清原和博31本（1986年度）が最多で、豊田泰光27本（53年度）、榎本喜八16本（55年度）、張本勲13本（59年度）、中西太12本（52年度）、松井秀喜11本（93年度）の6人だけだ。2年目での2桁本塁打は11人。王貞治17本（60年度）や掛布雅之11本（75年度）ら歴代強打者が並ぶ。

高卒1年目、2年目で2桁本塁打をマークする難しさは、チーム内でレギュラーを獲得し、打数を確保することにある。清原は1年目から126試合で404打数、王は2年目に130試合で426打数のチャンスを得て記録を達成している。

そこで大谷である。彼は2年目に212打数で10本塁打を放っている。

プロ2年目は打力もスケールアップ。伝説の打者に匹敵する本塁打の量産ペースだった

Beyond the borders Ⅳ

投打二刀流

両立の新たな選手像

通常のレギュラー選手の半分以下だ。HR1本あたりにかかる打数を計算すると本塁打率は21・2。2年目の王の25・0、掛布の28・8（317打数、11本）よりも高い割合で本塁打を放っていることになる。同じだけの出場機会を与えられていたら、どんな数字をたたき出すのか。そこに二刀流の奥深さと、現実に見ることのなかった記録の面白みがある。

シーズン38本ペース

球界OBや評論家が「投打どちらかに専念しなければならない」と入団当初は熱い議論を交わしたが、二刀流大谷は高卒2年目にして「伝説の打者」と並ぶ偉業を遂げているのだから恐ろしい。金属バットを木製に持ち替え対応に苦慮する選手もいる中、チームの信頼を勝ち取っていった成長力に驚かされる。地味に見える本塁打10本が適応能力の高さを物語っているのではないか。

プロ4年目の2016年には大谷は最多22本塁打を記録。打数323で、14・7打数に1本のペースで本塁打を放ったことになる。ちなみに日本一になったこの年、チームの4番中田翔は569打数で25本塁打。仮に大谷が中田と同じ打数を得ていると、38・7本のアーチをかける量産ペースだった。

投手としては平成以降、高卒1年目に2桁勝利を達成したのは松坂大輔16勝5敗（1999年度）、田中将大11勝7敗（2007年度）、藤浪晋太郎10勝6敗（13年度）の3人。大谷は1年目3勝0敗だったが、2年目の11勝はそれに次ぐ水準だ。投打どちらを切り取ってもプロ野球のトップレベルの能力を証明している。

大リーグでも議論が巻き起こるに違いない。投手に専念すべきか、野手でも活躍できるのではないかと。投打二刀流が見せてくれる現実と、二刀流がゆえに見ることのできない現実がある。大谷が最も輝く投打のバランスを空想して記録を眺めるのも野球の楽しみだ。

ソフトバンク戦の7回に、当時の公式戦日本選手最速記録に並ぶ球速161キロをマーク＝14年8月3日、札幌ドーム

野球の神様はいるのだろうか。花巻東高の先輩菊池雄星は２００９年センバツ決勝に０―１で敗れると「日本一にはまだ早いと、野球の神様がくれた試練だと思う」と印象的な言葉を残している。「自分は野球の神様が本当にいると信じているので、道ばたにゴミが落ちていたら絶対に拾っちゃうんです。これで自分が嫌われたらどうしようって心配になって、だったら拾っておこうとなる。練習で最後の１本をごまかそうかなって思っても、野球の神様が見ていたらどうしようって思う。だから練習で手が抜けない。そういうこだわりはありますね」。野球の神様との対話が自らを律する糧なのだろう。

姿勢にこそこだわり

大谷翔平は、野球の神様について「いてほしいと思っています、個人的には。願望ですけどね、これは。ちゃんとやっている人にちゃんとした成果が出てほしいと思います、どの分野でも。真面目にやってきた人がてっぺんに行くべきだと思っていますし、信じているからにはそうやっていきたい。これをやりたいと思ったことは人より頑張れますね。野球の練習なんて嫌だと思ったことないんで。そこは頑張れるというか、頑張るっていう言い方もおかしいくらいですね。頑張ってない感じの方が強いので」と語っている。

「ちゃんとやっている」で思い出すのは佐々木洋監督の言葉だ。「甲子園では不思議と『チンピラ』みたいな選手が活躍する。自分勝手でいい加減にプレッシャーも感じずにプレーできるからです。しかも強豪に限って、そういう選手が中心にいる。でも真面目な選手で勝ちたいじゃないですか」。

甲子園の円陣でさえ、対戦校の選手を観察し「おい、あんな眉毛をいじっている選手に負けるんじゃないぞ。ハンカチ王子はいないけれど、花巻東は眉毛王子で勝負する。あんな細い眉毛、許していいのか」と意味不明な眉毛論をぶちかまし、選手たちを鼓舞していた。野球の神様も聖地甲子園で眉毛を語り、教育改革を訴えている指揮官に驚いたに違いない。

Beyond the borders Ⅴ

野球の神様

前人未到の道へ邁進

「真面目にやってきた人がてっぺんに」と願う大谷。花巻東高の基本姿勢だ＝2012年3月、甲子園

センバツの大阪桐蔭戦。腰高のフォームで11奪三振の力投＝12年3月21日、甲子園

メジャーで膨らむ夢

プロとして野球ができても30代、40代あたりまでだろうか。現役引退後の人生ははるかに長い。花巻東が選手に伝えてきたのは野球のためだけではない、生き方の全力疾走であり、生きるためのカバーリングだった。大谷が語った「ちゃんと」はそういう生活面も含めた取り組み全体のことだろう。

「ストイックに練習に励む大谷」と受け取られることが多いが、それは美談でも何でもなく、本人にとっては無邪気に野球を楽しんでいるだけというギャップ。その姿はイチローとも重なる。野球の神様に選ばれた人間にしか到達できない領域がある。それが最速170キロなのか。二刀流で二桁勝利&30本塁打なのか。誰も踏み入れなかった高みへ駆け上がっていく姿を見届けたい。

◇◇◇

運動部時代に菊池雄星と大谷翔平という二人の高校球児と出会い、取材機会に恵まれた。菊池が甲子園で熱投する姿に感じたのは「完全燃焼」の美学だった。一方、大谷は高校時代は故障に苦しみ、ついに本調子で投げることのなかった悲運のエースだった。「翔平はこんなもんじゃない」と仲間が一

円陣の中の大谷は無邪気に野球を楽しんでいる少年の顔だ＝11年8月、甲子園

致団結したように、彼らが感じていたのは「翔平と一緒に野球ができたことをいつか誇りに思うだろう」という確信だった。その大谷がプロ5年間で大きく成長し、大リーグに挑む。投打二刀流の若者が目指すのは未完の美学だ。どこまで行っても終わりのない投打のバランス論争。誰も挑戦したことのない道を自ら切り開く覚悟だ。

大谷が国境を越え、投打の境界を超える―。和製ベーブ・ルースと称される岩手の若者が敵味方を超越した大観衆の熱狂を巻き起こす。ベースボールに新たな選手像を示す投打二刀流。憧れのボールパークに響く「プレーボール」が待ち遠しい。

投打で存在感を発揮した2年夏の甲子園＝11年8月

Beyond the borders Ⅴ

野球の神様

前人未到の道へ邁進

リーグ関係者に言わせてくれると信じている」

翔平を語る

PART 2

花巻東高の佐々木洋監督

HIROSHI SASAKI

佐々木　洋

「世界一の選手は大谷翔平だと、メジャー

大谷の米大リーグエンゼルス入団が決まった。
高校3年間とプロ野球5年で大谷を見守った指揮官たちは
どんな未来図を描くのか。
「誰も歩いたことのない道を進む」と宣言した二刀流を
メジャーリーグへ送り出した現在の心境などを聞いた。

ファイターズの栗山英樹監督（右）

HIDEKI KURIYAMA

栗山　英樹

投手大谷、打者大谷がいなければ、日本一になっていない

責任を果たした安堵感か。自分の手を離れる寂しさか。栗山監督は「いやいや、それは、その、そうですね。やっぱり、少しはそういうふうになったら、ほっとするのかなと思ったけれど、心配で仕方ない。環境が変わって、あのアメリカで、彼のことは信頼しているし信じているが、いろんな環境が変わって、ボールが変わって、グラウンドが変わって。まあ、心配は尽きないですね。だから、たぶん翔平が野球を辞めるまでずーっと、うん。翔平は『そんなのどうでもいいです』と言うだろうが（僕の気持ちは）そういうことなんだろうね」と苦笑した。

満足感についても「そういうのは全然ないですね。ご両親や佐々木洋監督からお預かりして、もともと佐々木監督のやり方は僕もすごく尊敬していたし、そういう方からお預かりして、僕じゃなければもっといい選手にしてあげられたかもしれないというのがあるから。（満足感は）そういうのはないですね。本当にそれは、ご挨拶した時に、ご両親に言いましたが、僕じゃなければもっと良くなっていたかもしれないです。すみませんでしたということをお伝えした」

「二刀流をやって良かったと思った時？　まあ、もちろん、お金をたくさん出して選手を集められるチームではないので、投手大谷、打者大谷がいなければ、やっぱり基本的にどっちかだけでは、日本一になっていない可能性が高い2016年の優勝。日本一になるためにやるんだと本人に言ってきたが、ええ、やっぱり大きいですよ」

ジレンマを抱えることはないのだろうか。故障や体調に配慮し、起用には細心の注意を払っていた。

栗山監督は「普通に打って走ってけがをした。けがは起こるが、万全な状態で起こるなら仕方がない。そういうことの中で、何をあの時、しようとしていたかを含めて、こっちの指示不足というか、そういうのもあったし、それと二刀流は関係ない。

本当に二刀流をやって良かったかは、まだ誰にも分からないというふうに僕は思っている。これは50年たたないと、翔平が辞めないと分からない。辞めても分からないかもしれない、しばらく。もしかしたら野球界に大きな流れを作ってくれているかもしれないし、歴史が評価すること。今、ある程度、日本で結果が出たからと言って、ある程度良かったなどとは全然思っていない。本当にこれでよかったのだろうかと自分で考えるが、そういうことですよね」

入団会見でファイターズのユニホーム姿を披露。栗山英樹監督が笑顔で見守った＝2012年12月25日、札幌市内のホテル

非常識な発想にふたをしないで、人がやらないことをやる。そこに意味がある

一方の佐々木監督は「二刀流」が変えたものは、自らの常識を疑う心だと語っている。極めて内省的で率直な言葉が続いた。「私自身も勉強になったが、二刀流は最初から否定していなかった。野球とバスケットボールをやるわけじゃなくて、高校野球の延長にあるものだから。本人は疲れたとかも何も思っていないのではないか。ただ投げたい、打ちたい、勝ちたい。それだけですよ。非常識な発想にふたをしないで、人が

プロ1年目の2軍キャンプ=13年2月16日、
沖縄県・国頭村

栗山 英樹×佐々木 洋 翔平を語る PART 2

やらないことをやる。そこに意味があると思います」と力を込めた。

「雄星や大谷が花巻東に来てくれて、ここで教えることになって、私は本当に運がよかった。どうして花巻東から好投手が出るのかと聞かれるが、急に出たのではないと答えています。今回の件でますますその思いは強くなった。おそらく過去にも岩手には雄星、大谷クラスの選手がいたんですよ。最近は指導者全体のレベルが上がってきたが、昔は水を飲むな、肩を冷やすからプールは駄目だなど『迷信』で指導していた。こういう過去の固定概念が選手をつぶしていたのではないかと思う。プロに入れば（投手と野手の）どちらかを選ぶ。この発想がそもそも間違いだったと反省しています。例えば元巨人の桑田（真澄）さんとか打者もできそうでしょう?。確かに投手と野手のどちらかを選べば、もっと成績を残したかもしれない。でも、大谷が投手をやりたいとメジャー宣言したあの時、私は打者大谷の可能性を消していたんです。今考えると怖いですよ」。花巻東高の特徴は投手や野手陣をグループ分けし、徹底的に効率化した練習にある。投手と捕手が一緒になって学校周辺を走るロードワークも見たことはほとんどない。理由を尋ねると、佐々木監督は「走り込むことでできる筋力と野球で使う筋力は違うんです。もし関連性があるなら日本トップの長距離走選手は軒並み150キロ、160キロをたたき出しているはずだけど、私はそんな陸上選手を知らない」と単純明快だ。

1・2・3.プロ1年目の2軍キャンプ＝13年2月、沖縄県・国頭村　4.プロ1年目西武戦の試合前＝13年5月5日　5.プロ2年目の名護キャンプ＝14年2月8日　6.プロ1年目　西武戦の試合前＝13年5月5日

高校入学から高3最後の甲子園まで「高校野球」を約850日の季節限定スポーツととらえ、彼らは最優先の練習メニューをこなし、トーナメント戦に負けないチーム作りに専念する。

自らも筋力トレーニングの専門家である佐々木監督が選手個々の目標値と達成度を管理し、投手陣には全身運動として競泳なども取り入れている。他校から県内屈指の陸上指導者を招き、盗塁の姿勢やスタート時の体の傾け方を教わるなど理にかなった練習方法と、選手への意識付けにこだわってきた。

「わざわざおまえたちのために忙しい先生が来て下さる。なぜだか分かるか。歴代の先輩たちの教わり方が良かったから続けて来てくれているんだ。社会に出れば、上司や先輩にかわいがられる人間が必ずいる。

一生懸命さや熱意が伝わる部下は先生だって応援したくなる。我々にできるのは真摯な態度で、気持ちよく教えていただくことだ。たった1日の講義だって、練習次第で1週間分の成果を生むことができるぞ」

　機動力を生かす走塁姿勢を学ぶ地味な練習を前に「社会に出て好かれる人間」の話が出てくるのが佐々木流だ。野球競技歴よりもはるかに長い人生を生きるために、野球のうまい高校生ではなく、野球もできる社会人をつくる。それが花巻東のポリシーだ。

本当にまっすぐで純粋な男。心のひだみたいなものを感じる能力が高い

　そんな佐々木監督が大谷に徹底的に打撃を教え込んだ時期がある。遠征先の室内練習場で1時間以上にわたり付きっきりでスイングをチェックした。大谷の右前、正面、左前からトスを上げ続ける。左打者の大谷に命じたのはすべての球を遊撃手の頭上を狙ったライナーで打ち返すこと。目指すのは流し打ちの軽打ではなく、逆方向への強烈な打球だ。スピンの利いた打球は遊撃手を越えてさらにぐんぐん伸びる。最初は左翼

5

4

6

へ流れて力を失った打球が、やがて左中間へ一直線に飛ぶようになる。何を教えていたのかは分からない。1年生から大谷を4番に据えた指揮官は「身長があり大きくて見栄えがいいので4番に置いただけ。変化球は打てないしクルクル三振しますよ」と笑っていたのが懐かしい。本当は投手で起用したいという気持ちを抑え、体作りに時間を費やすために外野手をやらせていた時期だった。
　素顔の大谷はどんな存在なのだろうか。栗山監督は「本当にまっすぐで純粋な男ですね。裏表ないし、やっぱり、何か人の機微というか、心のひだみたいなものを感じる能力が高い。あの年だけど、人としてはすごく信用している。自分があの年に比べたら、雲泥の差。人の心が読み取れるというのかな。何をしたら、相手が嫌がるとか、何を求めているかとか、今は自分が社会的に何をすればいいのかを判断ができる」
「もちろん元々持っていた。そういう気質は佐々木監督、ご両親が植え付けたと感じた。脇目を振らず行く能力とか、本人は会見で言ってましたけど、決めたことをやり続けるとか、それはびっくりするぐらいすごい。ああ、分かってんだ自分のこ

とをと思った」

「例えば、二刀流やるときでも、最初はいろんなことを言われていた。こっちに向かってくれればいいものを当然、翔平の耳にも入ると思うんですけど、大丈夫かと言っても『僕、全然何も聞こえてないんです』みたいことを言う。あんなにしんどい状況なのに、僕の立場も考えてくれているわけですよね。そういうのは本当に並外れているというか…」

「まあ、才能が一番大きいのかもしれないが、結局、それが一番だと僕は思っているので。人としての信念だったり、生き様だったり、男としての生き方というものが、しっかりしない限り、安定したすごい数字は残らない。だから、人を育てようとしているのであって、野球選手を育てようというつもりは全くないので、そういう資質は本当に持っていますよね」

本当にベーブ・ルースなんだって。度肝を抜くものが出てくるはず

２０１７年11月10日の会見では「度肝を抜くことを信じている」と語った栗山監督。米大リーグでどんな姿を描いているのか。あらためて大谷に託す夢を聞くと「やっぱり世界一の選手は大谷翔平だと、アメリカのメジャーリーグ関係者に言わせてくれると信じているし、正直、本当にアメリカで二刀流できるのかとみんなが思っている感じはするので、同じように活躍してチームを勝たせれば大きな説得力になる。逆に、いや本当にベーブ・ルースなんだって。度肝を抜くものが出てくるはず。それは信じて待ってますけど。まあ、そんなに簡単には行かないと思う。状況が状況で、あまりにも苦労が少ないタイプの選手なので、それもまた翔平にとってはプラスになるかと思う」

この5年間は厳しく接してきた指揮官にどんなプレー、偉業を成し遂げたら「大谷を褒めるか」と尋ねると、「いやー、褒めないですよね。何やったって、普通じゃんと思ってないと成長しないので。翔平」「僕に褒められたくないんじゃないですか、別に」。最終的には感動して号泣しながら「おれは褒めてない」と言い張るに違いない。

勉強熱心でやわらかな物腰の一方で頑固な一面も。佐々木監督と同じく、ロマンに生きる熱い男だ。

「(大谷を)絶対に安心させないというふうに思っていた。本当に必死にやり続けなければ前に進まないので、能力が高い選手ですから、ちょっと安心したら止まる可能性が絶対あるので、それだけは絶対に許さないと思っていた」

現状はイメージした通りなのか。

「うーん、どうなんですかね。まあ、そうですね。そうなのかもしれないが、僕が思っている状態の大谷翔平はもっとすごい。みんなは順調すぎるとか、言いますけど『そんなの関係ねえんだろう翔平』『もっとできるんだろう』と僕は思っている」

投打二刀流の現在地についても「いずれどっちかに絞ることを今、

花巻東高のセンバツ合宿。久々に土のグラウンドで練習でき、はつらつとした表情でプレーする選手たち＝12年2月11日、静岡市・草薙球場

甲子園の室内練習場で体を動かす花巻東高の選手たち＝12年3月17日

オリックス戦 4回のピンチで空振り三振を奪い、雄たけびを上げる＝16年6月26日、京セラドーム大阪

完封劇でリーグ優勝を決め喜ぶファイターズ・大谷翔平（中央）＝16年9月28日、西武プリンスドーム

誰かが判断すべきではない。えーと、いずれは一つになると思う。35歳、40歳なのか。体力的な問題で、いずれと言ったつもり。それをどこまで頑張れるかですね」

「二刀流選手をまた育てたいという感覚はないが、ただ、1人二役できるということは間違いない。今いる選手も考えますよ。この部分とこの部分使えないかなと、二刀流を作ろうと思ったわけではなくて、選手が持っている能力をチームが勝つためにいかに使うかという発想のベースから、いろんなことを考えるだけ。4番大谷とエース大谷がいるなら、2人とも頑張ったら勝つに決まっているという話なので、こっちは」

逆境や苦境でこそ力を発揮する。それが私たちの知っている大谷翔平だ

最後に今後期待することを2人の指揮官に聞いた。

栗山監督は「今のまま楽しく野球をやってほしいですね。やっぱり野球って楽しいものだし、何か、大きな志を持って、何かをしようというのはこっち側が考えること。少しは子どもたちのためになりたいとか、そういう思いはいいと思う。でも自分ができるかどうかではなくて、自分が本当にチャレンジしてみたいところを突き進んでいるだけで、その生き様は格好いいっすよね。みんなが見ているので、何も周囲を意識しなくて、今の翔平のまま、行ってくれれば、すごく大きな力や夢とか、元気を与えてくれると信じている」

佐々木監督は「レベルの高い打者、投手との戦いで、すぐに成功はしない。壁に当たった時、どうするかが大事だ。打者大谷も向こうの動くボールに苦労すると思う。なおかつスピードボールが来る。ここでもプロ野球と同じように、対応力とバージョンアップの早さが鍵になる。経験を重ねる中で打撃の中で勝手に学び成長してきたのが大谷だ。メジャーで大いに苦労すればいい。逆境や苦境でこそ力を発揮する。それが私たちの知っている大谷翔平だ。彼と一緒に花巻東高でプレーできたことをみんなが誇りに思っている」とエールを送った。

まだ23歳―。佐々木監督が身体的な成長が落ちつき、成績を残し始めると予測した「才能開花」の時期と重なった大リーグ挑戦。真っ赤に染まったベースボールパークが背番号17を待っている。

夢へ駆け抜けた5年間

前例のない投打二刀流。
ファイターズが提示した壮大な育成プランに
大谷翔平は胸を熱くさせ、国内プロ野球の門をたたいた。
あれから、わずか5年。1年目から歴史を塗り替え、2年目に
国内初の10勝10本塁打達成。
2016年には国内最速165キロを記録し、チームとして
念願の日本一にも上り詰めた。

文◉小田野純一

プロ野球ファイターズ5年間

球団と歩んだ二刀流伝説 世界一の選手へ、驚異的進化

夢を正夢に―。大谷翔平とファイターズが二人三脚で駆け抜けた5年間は、プロ野球の常識を覆し、日本中を熱狂させた。「誰も歩いたことのない大谷の道を一緒につくろう」。世界一の選手を目指し、一日たりとも無駄にしなかった若武者と二刀流を実現させるために親身に支えた球団が生んだ数々の伝説。栗山英樹監督が大谷に贈った

言葉通りに新たな道を切り開いた。

これほどの急成長を誰が予想しただろう。鳴り物入りでプロ入りしたが、1年目の彼は細身の体で荒削りの投球。打球も現在のような飛距離はなかった。わずか5年で猛者が集う米大リーグに二刀流を認めさせるほどの存在になるには体も技術も追いついていなかった。

だが、彼は焦ることもなく、投げる緊張感、打つ高揚感を前面に出して野球を楽しんでいた。1年目のオフ、帰省した大谷を単独取材するチャンスがあった。

チャンスというよりも皆様のおかげ。1年目から取材数も「規格外」で、シーズン後、他の選手にならった申請時期には既に全日程が埋まった状態。それなのに取材時間が確保できていなかった。しかも、会社的には菊池雄星（西武）との正月紙面特集も企画している緊急事態。苦境を察してくれた関係者のご厚意で母校までの車移動の10分間だけ帯同させてもらった。今更だが皆様に感謝。

一対一の本音トーク

「前半戦はとにかく外角直球狙いが良かった。ルーキー相手なら探る意味でも外角の出し入れになるから。後半戦はデータも取られて内角や変化球も増えた」

シーズン本拠地最終戦のオリックス戦で、「4番・投手」で先発出場することが告げられ、盛り上がるファン＝17年10月4日、札幌ドーム

母校の花巻東高でお互いの活躍を誓い合った大谷翔平（左）と菊池雄星（西武）＝2013年12月27日

驚きの連続だった。この10分間は今でも忘れられない。「模範解答」で記者陣を手玉に取る大谷からこんなに具体論が出てくるのは珍しい。宝のような一言一言だった。打席や投球時の考え方だけでなく、「打率が毎打席スクリーンに映るのは意識してしまうから嫌だった」とルーキーならではの感想も。そしてシーズン1年目の勝利数を悔しがる意外な一面も垣間見えた。

「1年目は5勝2敗（実際は3勝無敗）を予想していたので足りなくてショックだった」。明らかにダルビッシュ有の1年目の成績5勝5敗を意識した数字。

「あと2勝ですよ」

「2軍での調整登板で序盤に時間をとられてしまったのが響いた」

最短での渡米をかなえるため、先輩の結果に届かせたかったのだろう。記録を気にしないそぶりを見せていても、細かく意識していた。

程なく母校に到着すると、「筋トレして帰ってもいいですか。遅くなるけれど」と時間切れのあいさつ。スキップするようにトレーニングルームに向かっていった。やはり、度が過ぎるほどの野球少年に変わりはなかった。

初めて味わう「壁」

野球に取り組む愚直な姿勢は翌2年目から如実に体格に表れた。厚い胸板に見違えるほど太い腕や太もも。入団前には「二塁打王を目指します」とおどけていた打球はどんどんフェンスを越えていき、捕手の後ろで見た投球は球速よりも球威に恐怖さえ感じる。目標にしていた2014年の10勝10本塁打到達は、周囲に二刀流挑戦を結果で納得させた。

予想外だったのは15年の不振だ。「未完の大器」の評価だった投手に比べ、打撃技術は入団前から完成され、順調に成績を伸ばすと予想していた。筋力が増した3年目は、試合前の打撃練習が「日本一の柵越えショー」。驚異的な打球をスタンドに運んでいた。しかし、相手も研究済み。フォークなど縦の変化球とチェンジアップの緩急で打撃を崩された。三振は234打席で48個だった14年に比べ119打席で43個と2倍ペースに増加。初めて味わった「壁」だった。

投はエースの役割、打はとにかくもがいた。しなやかな打撃スタイルは変えずに足の上げ方、打席の立ち位置など試行錯誤。壁を乗り越えるために打撃を模索し、手応えをつかんだことが16年の活躍につながった。

二刀流完成の4年目

シーズン序盤に5試合連続本塁打、17試合連続安打、5月29日の楽天戦では投手として先発しながら、6番の打順を任された。

7月3日ソフトバンク戦では「1番・投手」に誰もが衝撃を受けた。第1打席で求められたのは出塁ではなく、豪快な本塁打か凡退で早くベンチに帰ってくること。本人も分かっていたから初球を強振し、スタンドに放り込んだ。投げては8回無失点の力投。二刀流の真骨頂だった。

そして、優勝へのマジック1で迎えた9月28日西武戦。「大事な試合で勝てないことが多い」と吐露したこともあった背番号11が被安打1、15奪三振と圧巻の投球で完封した。

相手投手は花巻東高の先輩、菊池雄星。「雄星さんが先発で僕的には特別な感覚で投げる。プレッシャーのかかる場面は自分が成長できるポイント」。2位ソフトバンクが迫り、負けたら逆転されかねない状況で、重圧を心地よくさえ思っていた。野球と向き合い続けた自信が最高のパフォーマンスを発揮させた。

14～15年に投手コーチだった厚沢和幸ベンチコーチは「大事な試合を勝つには場数を踏み、修正する能力が必要。先発のときに『きょうは出番ないわ』とベンチの投手陣が思えてきたときがエースの証し」と大谷に求め、経験を積ませてきた。この日の大谷はまさに真のエースの姿だった。

17年には夢のような「4番・投手」を実現させ、日本での物語は幕を閉じた。球場での声援や期待を一身に背負い、ことごとく応えてきた二刀流。多くのスーパースターの中でも大谷の次元は異なり、子どもたちに野球の楽しさを伝え、大きな夢を抱かせた。高校時代は悲運のエースで終わったが、今は日本のヒーローだ。誰もが応援したくなる選手として国内外に知れ渡った5年間の価値は計り知れない。

2年目の名護キャンプ。ブルペンでの投げ込みを終え、トレーニングコーチとダッシュを繰り返す大谷翔平。ユニホームを脱ぐとさらに体の大きさが際立つ＝14年2月6日

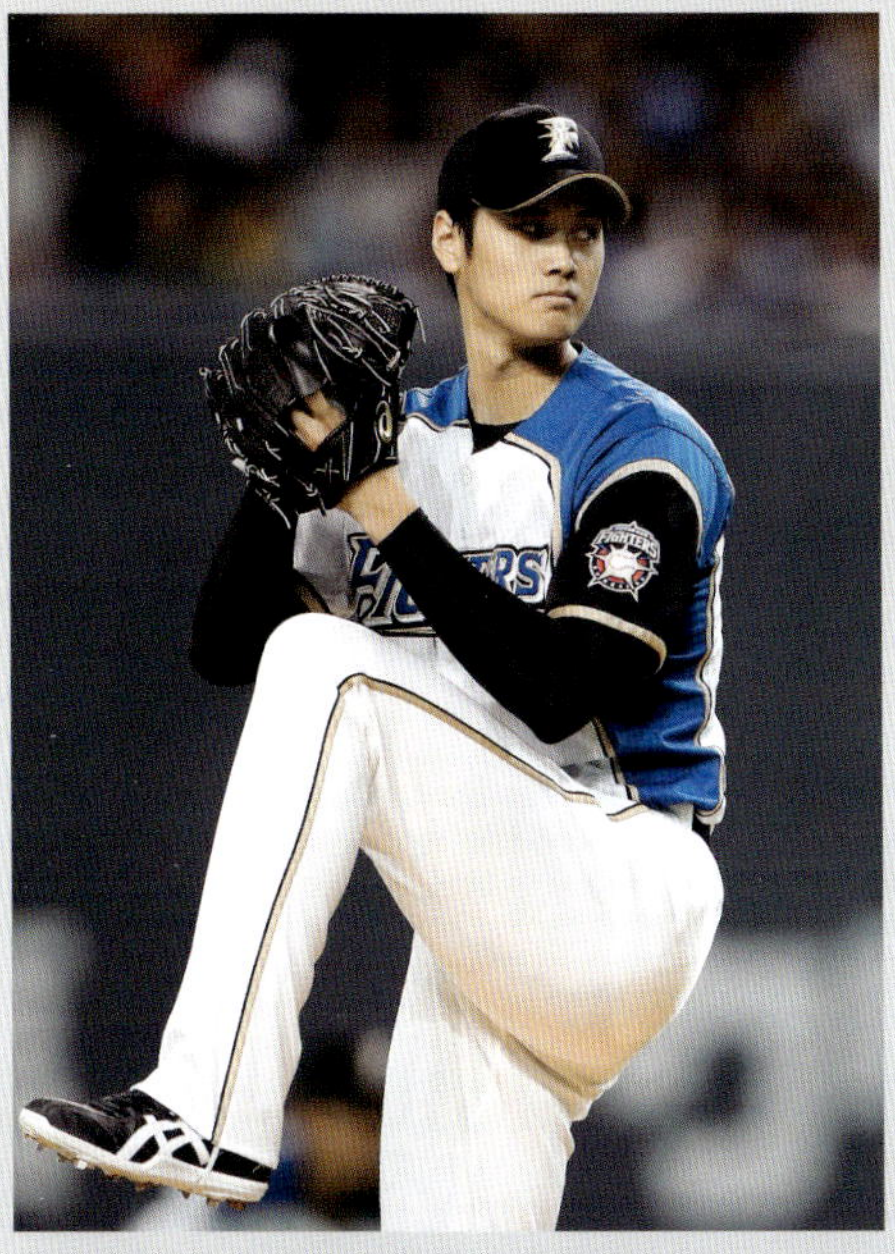

■大谷翔平のプロ5年間の成績

【投手】

試合	試合	投球回	勝利	敗北	勝率	奪三振	防御率
1年目（2013年）	13	61 2/3	3	0	1.000	46	4.23
2年目（2014年）	24	155 1/3	11	4	.733	179	2.61
3年目（2015年）	22	160 2/3	★15	5	★.750	196	★2.24
4年目（2016年）	21	140	10	4	.714	174	1.86
5年目（2017年）	5	25 1/3	3	2	.600	29	3.20
通算	85	543	42	15	.737	624	2.52

【打者】

試合	試合	打数	安打	二塁打	三塁打	本塁打	打点	打率
1年目（2013年）	77	189	45	15	1	3	20	.238
2年目（2014年）	87	212	58	17	1	10	31	.274
3年目（2015年）	70	109	22	4	0	5	17	.202
4年目（2016年）	104	323	104	18	1	22	67	.322
5年目（2017年）	65	202	67	16	1	8	31	.332
通算	403	1035	296	70	4	48	166	.286

【注】★はタイトル獲得

■高卒でプロ入り後、米大リーグに移籍した主な選手の入団5年目までの成績

【投手】

ダルビッシュ有

（宮城・東北高出、2004年ドラフト1位でファイターズに入団）

試合	試合	投球回	勝利	敗北	勝率	奪三振	防御率
1年目（2005年）	14	94 1/3	5	5	.500	52	3.53
2年目（2006年）	25	149 2/3	12	5	.706	115	2.89
3年目（2007年）	26	207 2/3	15	5	.750	★210	1.82
4年目（2008年）	25	200 2/3	16	4	.800	208	1.88
5年目（2009年）	23	182	15	5	★.750	167	★1.73
5年間計	113	834 1/3	63	24	.724	752	2.20

【打者】

イチロー

（愛知・愛工大名電高出、1991年ドラフト4位でオリックスに入団）

試合	試合	打数	安打	二塁打	三塁打	本塁打	打点	打率
1年目（1992年）	40	95	24	5	0	0	5	.253
2年目（1993年）	43	64	12	2	0	1	3	.188
3年目（1994年）	130	546	★210	41	5	13	54	★.385
4年目（1995年）	130	524	★179	23	4	25	★80	★.342
5年目（1996年）	130	542	★193	24	4	16	84	★.356
5年間計	473	1771	618	95	13	55	226	.349

【注】★はタイトル獲得

オールラウンドの力発揮 1

二刀流の第一歩

（2013年8月18日、●2−7ソフトバンク）
4打数1安打／1回被安打1、1奪三振

前例のない二刀流育成の1年目は、さまざまな出場の形を模索した。この日は「5番・右翼」で先発し、八回から4番手としてマウンドへ。交流戦で投手と打者の同時出場は果たしていたが、野手からの中継ぎ登板は初めてだった。次の先発登板に向けた調整の意味もあったが、野球大好き人間にとってはやりがいのある試合だっただろう。スライディングでユニホームを汚しながら攻守で駆け回り、最後は投手で1回を無失点。打撃でも1安打を放った。

　1年目は外野手で約50試合に出場したが、2015年以降は投手と指名打者以外での出場は無く、14年も外野手出場は8試合。本職とは言えない守備機会でも隣を守る陽岱鋼から技術を吸収してファンを魅了した。

プロ2年目のオープン戦。3回巨人2死、村田の打球を二塁へ好返球してアウトにする＝14年3月4日、札幌ドーム

待望のプロ初本塁打を放つ＝13年7月10日、コボスタ宮城

プロ初勝利のマウンド＝13年6月1日、札幌ドーム

オリックス戦で中越えに10号本塁打を放ちダブル2桁に到達＝14年9月7日、京セラドーム大阪

夢へ駆け抜けた5年間 2

ベーブ・ルースに並んだ
10勝10本塁打

(2014年9月7日、●4−8オリックス)
4打数1安打　10号ソロ

記念すべき一発はあっという間に中堅スタンドに届いた。外国人の長距離砲のように体を大きく反らせ、真ん中高めの甘い球に鋭く反応した10号ソロ。2年目の若武者がプロ野球80余年の歴史で史上初の2桁本塁打と2桁勝利の偉業を達成した。米大リーグでも1918年に13勝、11本塁打したベーブ・ルースしか成し得ていない記録だ。

「体の進化」が功を奏した。投球では制球力が高まり、奪三振数も増加。8月26日に10勝目、最終的には11勝を挙げた。打撃では距離が出にくい逆方向への打球が伸び、10本中5本が左方向と力強さが増した。開幕前から「ダブル2桁」を目標に挙げ、ウエートトレーニングで見違える体つきになった。

夢へ駆け抜けた5年間 3

メジャー主力級に力勝負

日米野球

（2014年11月18日、●1—3米大リーグ選抜）
4回被安打6、7奪三振　最速160㌔

大リーガー相手に「打てるものなら打ってみろ」と言わんばかりの真っ向勝負を挑んだ。制球を度外視したような力の投球で4回7奪三振。突如の乱調から2失点したが「未完成」のご愛嬌とばかりに、直球やフォーク、緩いカーブで次々と空振りを奪った。

相手は2017年ア・リーグMVPのアルテューベ（アストロズ）や14年首位打者のモーノー（ロッキーズ）らが顔をそろえた破壊力抜群の打線。第1戦で3番手登板し、1回をピシャリと抑えたが、先発してこその大谷。成長した自分の力を試すかのように全ての球種を全力で投げ込んだ。初回は直球やフォークで3者連続三振、三回も一死満塁のピンチを連続三振で切り抜け、「狙ったところで空振りを取れた」。

日米野球第5戦に先発し、最速160㌔の速球で真っ向勝負。メジャー級の力を証明＝14年11月18日、札幌ドーム

初の開幕投手

頼れるエースに急成長

（2015年3月27日、○5―2楽天）
5回2/3被安打3、6奪三振　最速159キロ

新たな伝説の幕開けだった。初の大役。汗が止まらないほどの緊張感の中で熱のこもった一球一球が相手にプレッシャーをかけ、味方を鼓舞する。右ふくらはぎがつり、無念の途中降板となったが、流れを引き寄せ開幕戦を逆転勝利に導いたのは紛れもなく大谷だった。

初回からこの日最速の１５９キロを計測する上々の立ち上がり。しかし、気持ちを抑えられないのか、二回は球が荒れ２四球などで無死満塁。そこから開き直った。直球の力が戻り、魔球のような１４６キロのフォークも操り最少失点に抑えた。高校時代は大事な試合で結果が出ず、悩んだ時もあった。結果にこだわり、勝利につなげたのは成長の証。シーズンの快投を予感させた。

楽天戦で初の開幕投手を務め力投＝15年3月27日、札幌ドーム

開幕戦勝利を飾り、エースの風格が漂う

韓国戦の5回を3者連続三振に抑え、雄たけびを上げる＝15年11月19日、東京ドーム

夢へ駆け抜けた5年間　5

プレミア12の快投

韓国沈める奪三振ショー

（2015年11月19日、●3―4韓国）
7回被安打1、11奪三振　160キロで圧倒

世界に衝撃を与える投球で試合を制圧した。プレミア12決勝進出を争い、宿敵韓国戦に2度目の先発。六回まで無安打投球を続け、7回1安打無失点と二塁すら踏ませず相手打線を沈黙させた。

前回の初戦と同様に奪三振ショーの幕開け。序盤は最速160キロの直球と140キロ中盤のフォークのみでバットは空を切る。集中力も高まり、無駄なボール球すらなかった。時折右拳をぐっと握り闘争心を燃やす。中盤から内外角へのスライダーも織り交ぜ、バットすら振らせない圧巻の投球だった。

2012年、高校野球18U（18歳以下）世界選手権の韓国戦は7回被安打2、12奪三振ながら2失点。大器は3年で日本を代表する投手に駆け上がった。

夢へ駆け抜けた5年間　6

日本最速165キロ

燃えた11！揺れたドーム

（2016年10月16日、○7―4ソフトバンク）
1回無安打2奪三振　165キロ連発／4打数1安打

指名打者から九回のマウンドに向かう背番号11を後押しするように札幌ドームが大歓声に包まれる。クライマックスシリーズ最終ステージ第5戦。大谷が燃えないわけがない。自身のプロ野球最速を更新する球速165キロを記録し、日本シリーズ進出を決めた。

初球にいきなり163キロ。投げる度に歓声とどよめきが起こる。3球目は自己最速タイの164キロ。フォームはいつも以上に力み、バランスを欠いても球威は増す一方。スライダーも異様な曲がりを見せた。そして6球目。球速が出にくい低めで165キロを計測。味方も相手も驚きの表情。冷静に見えたのは大谷だけだった。165キロを3度マークし、8球の直球の平均球速は約164キロ。フォークさえ151キロを記録した。異次元の15球だった。

9回に登板し、プロ野球最速の165キロをマーク

「クライマックスシリーズ」 対ソフトバンク第5戦。9回、プロ野球最速となる球速165キロを記録したことを示すボード＝16年10月16日、札幌ドーム

7

「大谷イヤー」歴史に刻む

史上初の投打ベストナイン

（2016年11月25日）
投で10勝、165キロ／打で22本塁打、打率3割2分2厘

投手部門と指名打者部門で史上初のダブル受賞は、投打でチームを日本一に導いた一年を象徴する快挙だ。最優秀選手賞（MVP）にも輝き、記録ずくめの年となった。記録だけでなく、記憶にも残る2016年。シーズン序盤に5試合連続本塁打を放つと、5月には指名打者を使わず「6番・投手」で躍動した。

度肝を抜いたのは「1番・投手」で出場した7月のソフトバンク戦だ。初球を先頭打者本塁打、投げては8回無失点と栗山英樹監督が求めた二刀流での勝利を示した。登板を考えれば出塁ではなく本塁打を求められた第1打席で漫画のようにアーチをかけ、その後はマウンドで存在感をいかんなく発揮した。日本一の野球大好き男は、高校時代に成し得なかった悲願の頂点に立った。

最優秀選手賞を受賞し、トロフィーを掲げる＝16年11月28日、東京都内

8

夢の「エースで4番」

世界一へ、飛躍の最終章

（2017年10月4日、○3－0オリックス）
9回被安打2、10奪三振／4打数1安打
シーズン最多124球の熱投で完封勝利

感謝を込めるように一投一打をかみしめていた。国内での二刀流最後の花道は指名打者（DH）制導入後パ・リーグ初の「4番・投手」。栗山英樹監督の粋な計らいなどではない。本気で目指してきた形だ。2安打に抑え今季初完封。打っては強烈な安打を放ち、5年間の足跡をしっかりと残した。

「エースで4番」。2012年12月25日、入団会見の時から栗山監督は大谷の未来を思い描いていた。16年に日本一に上り詰め、17年はさらなる活躍を見られるはずだった。しかし、2月に右足首の故障でWBC日本代表を辞退。4月には左太もも裏を肉離れし離脱。野球に打ち込める環境を与えてくれた球団、温かく見守り続けたファンへの恩返しはプレーでしかできない。世界一の選手へ。夢の続きは米国に移る。

オリックス戦に「4番・投手」で先発し、4回に中前打を放つ＝17年10月4日、札幌ドーム

エースで4番の本拠地最終戦を終え、ファンの歓声に応える

完封勝利を挙げる

DESCENTE
Shohei Ohtani
Design that moves
Everything we make is what you make of it.
Our design, your move.
デサントジャパン株式会社　お客様相談室（フリーダイヤル）0120-46-0310　descente.com

「食も細く、中学3年までは棒みたいだった」と回想する大谷徹さん＝2018年1月15日、奥州市内

父として、指導者として

理想としたのはイチロー

「野球って楽しくなきゃいけない」

大谷翔平は小学3年から本格的に野球を始めた。

黒沢尻工高から社会人野球の三菱重工横浜(現・三菱日立パワーシステムズ)でプレーした徹さん(55)が、父として、指導者として向き合った。

野球への真摯な姿勢や全力疾走、シュアな打撃など大谷の土台をつくった父の教えに迫る。

文◉斎藤　孟

父として、指導者として

理想としたのはイチロー

「野球って楽しくなきゃいけない」

現在、中学硬式野球チームの金ケ崎シニアの監督を務める徹さんの指導のモットーは3つ。翔平を教えた当時と変わっていない。

「一生懸命キャッチボールを練習する」

「全力疾走」

「気迫、チーム連係としての声を出してプレーする」

一つ目のキャッチボールは、きれいなフォームで、ボールの回転を確かめながら、指先に掛かった直球を投げること。二つ目の全力疾走は、野球は走るスポーツで、常に次の塁を狙う姿勢が必要だからだ。三つ目は元気さと連係の確認のため声を出し合うこと。野球を楽しむことでもある。

練習はグラウンドで完結

徹さんは野手で左打者。同じように翔平も左打ちとなり、ミート重視の打撃を教えた。「体を極力開かないようにし、飛距離はいいから左右のコースにより打ち分ける。とにかくジャストミートして4打数4安打を目指しなさい。逆方向を狙って、左中間に二塁打を打てるように」。ポイントを近くすると、詰まってしまう危険もあるが、しっかりミートすると、より押し出せて飛距離が出るためだ。

理想としたのはイチロー。走攻守でファンを魅了する姿に徹さんは「僕がイチロー好きなので、野球選手として目指すはイチローだよなという話を小さいころからしてきた」と振り返る。

練習は自宅に帰ってきてまで、みっちり行うスタイルではなく、グラウンドで完結することが基本。徹さんがチーム全体を指導していたこともあり、自分の子だけを特別視せず、個人練習をする時は、全体練習前に1時間ほど早くグラウンドに行き、ティー打撃を行った。

朝から晩まで野球漬けにするスパルタではなかった。その背景には、「野球って楽しくなきゃいけない。やり過ぎて嫌になってしまっては良くない。めりはりは大事にした」と徹さんは語る。

18アウトのうち17奪三振

翔平少年は、練習に一生懸命取り組み、教えたことはすぐにできるようになった。吸収力は目を見張るものがあり、ぐんぐんと伸びていった。リトル時代には、18アウト中17奪三振、本塁打も放ち、頭一つ抜けた存在となった。それでも、徹さんは「人数も少なかったので、井の中の蛙だった。食も細く、中学3年までは棒みたいだった」と懐かしむ。

教育方針を聞くと、「ぜんぜん、そういうのがないんですよ」と笑う。伸び伸びとの方針の中で、一つだけ重視したことがある。どんなに思い通りにいかなくても、グラブやバットを投げないこと。「悔しい気持ちは分かるが、周りに悪影響を与えるだけ。チームにいい影響はないし、いいことは一つもない」と説いた。

翔平の野球に対する真摯な姿勢は今も変わっていない。高校3年時には一度は米大リーグ挑戦を表明。ファイターズ入りし、わずか5年間で投打の二刀流で球界を席巻した。その成長ぶりを「これほど活躍すると思っていなかった」と目を丸くする。2017年は右足首、肉離れとけがに悩んだ。肉離れをした時は「野球の神様がいるとしたら、今休めと言っているんじゃないか」と連絡した。まだまだ発展途上。投打の二刀流で、米大リーグに挑む息子へ徹さんは「失敗しても、成功しても納得いくまでやった方がいい。通用しないとも言われているが、チャレンジしてほしい。どちらかというと打者の方が楽しみ。メジャーの投手にどれだけ対応できるのかな」とシーズンを心待ちにする。

中学1年の翔平くん（左）、右は徹さん。市役所を訪れ、笑顔で大会成績を報告する＝07年6月6日、奥州市役所

家族と過ごした時間

低学年でバタフライ
食べるよりも寝る子
怖いもの知らずで突撃

23歳で米大リーグに挑む大谷翔平。球界を沸かせる戌年の年男は、どんな子どもだったのだろうか。父徹さん(55)と母加代子さん(54)に思い出話を聞いた。

文◉斎藤　孟

中学1年のリトルリーグ当時。試合を終え、父徹さん、母加代子さんと記念撮影

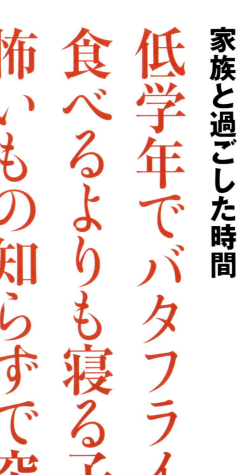

家族と過ごした時間

低学年でバタフライ
食べるよりも寝る子
怖いもの知らずで突撃

「平」の由来は平泉

プロ野球・オリックスのイチローが彗星のごとく現われ、史上初のシーズン200安打を達成した1994年。7歳上の龍太さん、2歳上の結香さんに続く3人きょうだいの末っ子として「翔平」は7月5日誕生した。3人とも母親似の長身。父徹さんは「翔は使いたかった字。4文字がいいだろうと平を付けた。実は義経も候補に考えていた」と命名の由来を明かす。平安時代を駆け回り、多くの伝説を残した源義経のように輝いてほしい、との思いもあった。

羽ばたくというイメージの「翔」という文字に、出身地・奥州市に隣接し、奥州藤原氏が栄華を極めた平泉から「平」を取った「翔平」。

名に込めた願い通り、世界へ羽ばたくこととなった。幼少期について、徹さんは「上の子は何をするにも慎重だったが、(翔平は)そんなことはない。積極的で好奇心旺盛。遊具で遊ぶ時もパーッと行って、パーッとやっちゃう。ウォータースライダーに連れて行くと、帰るぞと声をかけてもやってました」と懐かしむ。

好物はハンバーグ

ジャングルジムも、怖いもの知らずでどんどんチャレンジ。性格は負けず嫌い。運

リトルリーグ時代の翔平くん(左)。東北大会前の取材で打撃ポーズをとる＝2007年5月27日

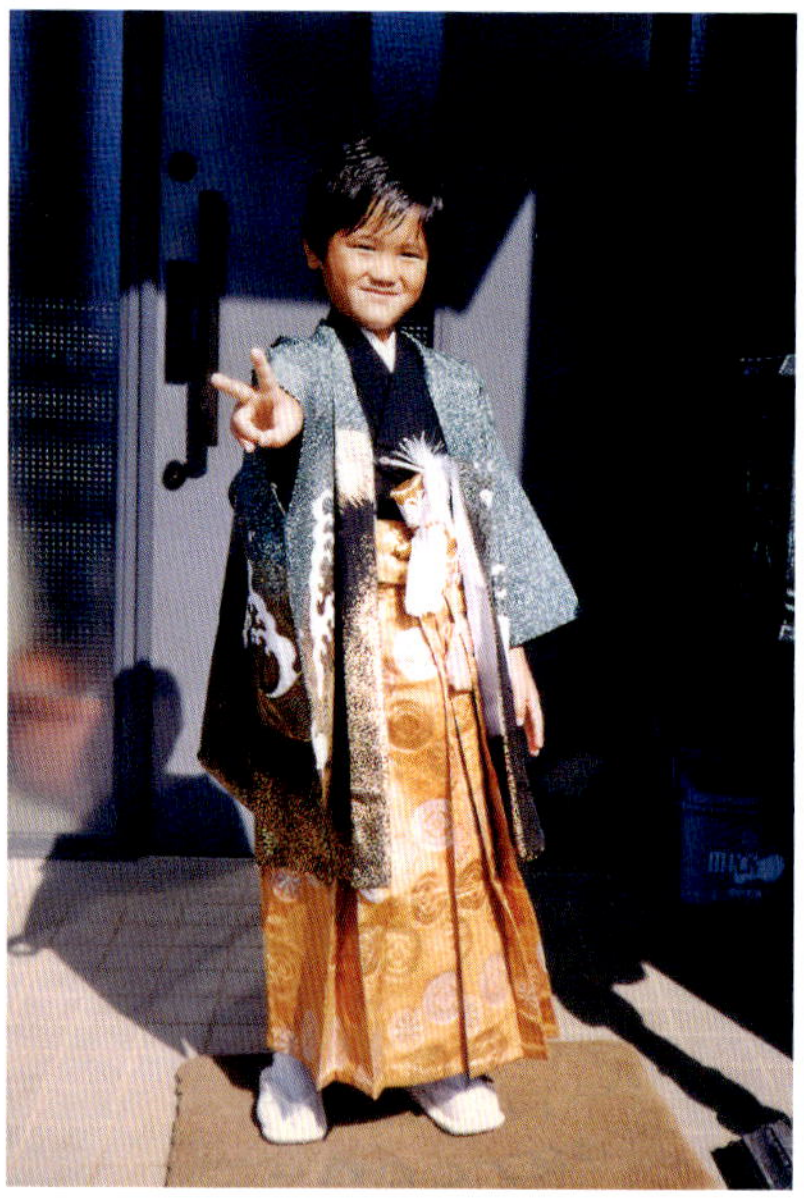

5歳の七五三。自宅玄関でピース！

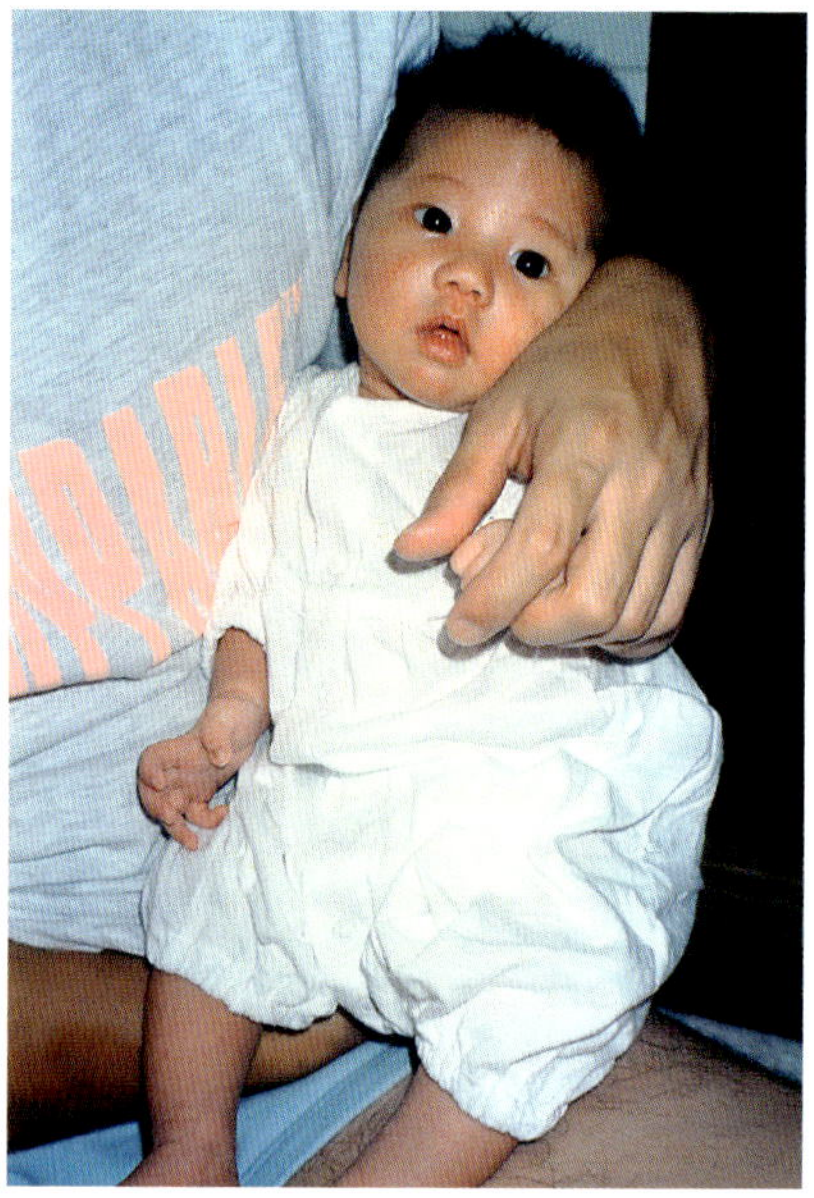

生後3週間の翔平くん

雪遊びをする2歳ごろの翔平くん

動神経は抜群で野球を本格的に始める前、通っていたスイミングスクールでは小学校低学年でバタフライも泳げるようになっていた。それでも、家ではごく普通の子。外で遊んでいる方が多かった。加代子さんは「家で遊ぶよりは外遊びが好き。帰って来ると夕食も取らずに寝てしまったこともしばしばあった」と思い出す。

よく寝る子で、移動中の車でも電車でも眠りに落ちたといい、加代子さんは「小中学生の頃は、夜の9時～10時には必ず寝ていた。どちらかというと起きていられなかった」と振り返る。

肉や魚、牛乳などのタンパク質が豊富な食べ物を好み、ハンバーグも好物だった。寝る子は育つのことわざ通り、朗らかな両親の下、すくすくと成長していった。

２０１７年12月25日の札幌ドームでの最後の会見。「父親はずっと(野球の)指導者という立場で接してきた。野球を教えてくれた最初の人なので感謝している。母は、僕のやりたいことを僕のやりたいようにやらせてくれた」と両親に感謝した。

野球大好き少年はプロ野球を経て、米大リーグに挑む。バドミントン選手だった加代子さんは「5年前に思い描いていた事が現実となり、本当に良かったと思っていますし、うらやましく思っています」と語り、「小中学生、高校生、大学生が憧れる選手になってほしい」と期待を込める。

活発に遊んでいた幼稚園児のころ

スタンドから息子の会見を見守る父徹さん（下段右）と母加代子さん＝17年12月25日、札幌ドーム

MAJOR LEAGUE BASEBALL
I Move ME™
ワタシを、動かせ。
最新、最速。
asics BASEBALL
©MLBP 2018. Major League Baseball trademarks and copyrights are used with permission of Major League Baseball Properties, Inc. Visit the official website at MLB.com

俺たちが知るザ・翔平

友達3人が同級生トーク

岩手県の花巻東高で3年間、大谷翔平と白球を追った太田知将さん、大沢永貴さん、佐々木隆貴さんが友「翔平」を語った。いたずらっ子な一面、野球へのまじめな姿勢、その素顔、計り知れない伸びしろ…。寮生活も共にした親しい友達3人が同級生トークで説き明かす。

文◉斎藤　孟

高校時代の写真を見ながら、友達の大谷翔平について語り合う（左から）太田知将さん、大沢永貴さん、佐々木隆貴さんの3人＝2018年1月20日、盛岡市内

―大谷翔平選手は高校時代、どんな人柄でしたか。

太田◉「真面目なミーティング中にお尻を触ってきたりして、見えないところでいたずらするのが好き。『クソガキ』ですね。自分にとってはテレビで見る好青年は作り上げたようなイメージ。もちろん、野球をやっている時は別人ですけどね」

大沢◉「野球になれば、人格が変わる。緊張感があり、普段見ることができない顔つきになる。私生活は僕らと変わらず、どこにでもいる23歳の青年」

―大谷選手の球を最初に受けた時のことを教えてほしい。

佐々木◉「1年秋が終わったころから。捕るのが嫌だった。真っすぐは速いし、コントロールも悪いし、スライダーはワンバウンド。体に当たって、痛かった」

―佐々木さんは160キロ（注1）を捕った日本で唯一の高校生。

佐々木◉「正直、軌道は低くボールだと思った。フルカウントだったので、どうにかストライク判定になるように低く構えミットを出した。頭を上げたら160キロと出ていた。あの打席は、いきなり球速がどんどん上がってきて、いつか出るだろうなと思っていた。今だったらもう捕れない（笑）」

―出会った当時の第一印象は。

佐々木◉「入寮時に大きいなと思った。自分は沿岸部出身なので、そこまで知らなかったが、毅（注2）よりすごいのいるの？って感じ。毅は軟式界では有名だったから」

大沢◉「自分もシニア（注3）ではなかったので、入寮時にでかくて、細くて、大谷ってこいつかなと思った。大谷と太田は入学前から聞いていた。僕も沿岸部出身で、そういうやついんのかなというぐらいだった。プレーを見て、細かったが、バットコントロールが抜けていた。1年からクリーンアップに入って、バンバン活躍して、やっぱすごいと思った」

太田◉「初めて見たのはシニアの時。中学生で140キロ以上投げていた。とても速かった。そのころから東北でも、遠征に行った関東でも見たことない選手だった」

―大谷選手の尊敬できると思うところは。

太田◉「全部すごいですよ。野球以外も。翔平が女性と話しているところ見たことがない」

佐々木◉「寮母さんぐらい（笑）」

大沢◉「自分は一緒のクラスだったが、確かにない。相手にしていないのか、興味ないのか分からないけど女子と話しているところ記憶にない」

―大沢さんと佐々木さんはどうですか。

大沢◉「翔平を悪く言う人が1人もいない。

佐々木隆貴（ささき・りゅうき）◉大槌小、大槌中、花巻東高。高校時は大谷翔平とバッテリーを組んだ。現在は家業の電気設備工事店に勤める。23歳。大槌町出身。

「誰に対しても平等。悪く言う人いない」
「好青年？いやいやただのイタズラ好き」

春のセンバツ甲子園。大阪桐蔭戦のマウンド上で言葉を交わす大谷翔平（右）と佐々木隆貴＝12年3月21日、甲子園

「お金じゃないってところが翔平らしい」
「活躍まだまだ。もっともっとやれる男」

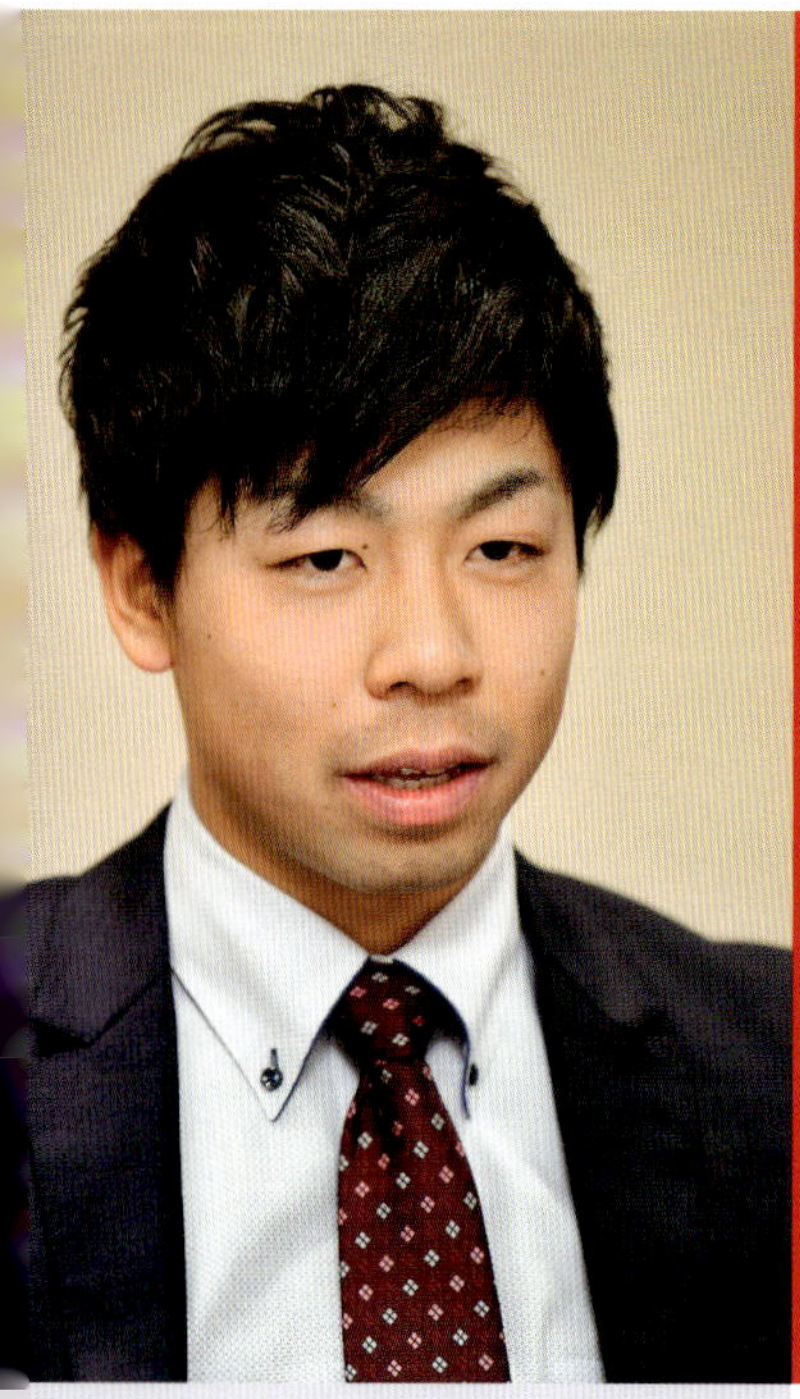

大沢永貴（おおさわ・えいき）◉久慈市の久喜小、三崎中から花巻東高、筑波大。高校は遊撃手で主将。現在はトヨタ自動車東日本でプレー。23歳。久慈市出身。

みんなに平等だし、野球も勉強も私生活もだらしないことがない。賢いし、みんなが学習している時でも、最初に『もう終わった』や『もう覚えた』とか言っていた」

佐々木◉「翔平自身が自分のことを自慢しない。こんなに騒がれて、お金もらって、遊びたくなってもおかしくないが、本当に野球にまじめで、野球を第一に考えて行動している」

太田◉「打撃練習もすごいですよ。プロ野球選手でもお金を払ってでも見たい練習らしいですけど、高校時代はグラウンドの奥の田んぼまで飛ばしていた。飛距離はとんでもない」

大沢◉「そう。2年夏か秋ぐらいから、一気に変わった。3年春の選抜前（注4）は、1試合に1本ぐらい本塁打を打っていた」

―米大リーグ挑戦の決断についてどう感じている。

太田◉「お金じゃないってところが翔平らしい」

大沢◉「僕はもうちょっとかかると思っていた。日本での活躍がすごすぎる」

佐々木◉「ちょうど、いいぐらいかな。2、3年ぐらいで行くかなと思っていたが、日本一になって、良い時もあったり、昨年みたいにけがもあったり、自分のベストな状態ではなく、良い時も悪い時も体験した上で行く」

—花巻東高の仲間としてはどうですか。

太田◉「17年12月の札幌ドームでの会見を間近で見て、何か違和感があった。翔平中心に全てが動いていて別人に見えた。翔平は自分にとって友達の翔平なわけで、それは世間が見ている翔平と同じではない。すごく不思議だった」

大沢◉「普通のファンの立場から見る翔平と、高校3年間一緒にやってきた友達として見る翔平は違う。よく『大谷翔平が同級生ってすごいね、実際どうだったの』と聞かれるが、普通というか、どう答えていいか分からなくて、そういうのが今まで多くあった。間近でメジャーに行くという目標をでかでかと紙に書いて貼っていた同級生。野球に対する姿勢はたぶん、ずっと変わらないと思うし、変えてほしくない。謙虚に、頑張ってほしいですね」

—ファンとは違う感覚とは。

大沢◉「『来たか』。ですかね。なんか偉そう（笑）。表現が難しいけど、僕らが思っている翔平は、もっともっと活躍するだろうなという感覚。世間と感覚がずれている」

太田◉「メジャーに行くのが分かっていたからだと思う。翔平と一緒にプレーして、先輩の菊池雄星さん（西武）を見てきて、プロで活躍する選手のレベルを身近で感じた。だから自分にとってプロは遠くの存在だけど、これまでの活躍はある程度想像していた」

太田知将（おおた・かずまさ）◉見前小、見前中から花巻東高、東海大。内野手として、1年春から大谷とともに主力。3年夏は3番大谷に続く4番打者。岩手日報社勤務。23歳。盛岡市出身

「女子と話しているところ見たことない」
「野球に向き合う真面目さは変わらない」

3年夏の県大会。決勝進出を決め、校歌を歌う花巻東ナイン＝12年7月19日、盛岡市・岩手県営球場

大沢◉「他の人は（日本国内での活躍を）すげーなって言うけど、自分たちの感覚はまだまだ。もっともっとやってくれる男だろうと思っている」

佐々木◉「メジャーは、いつかは行くだろうと思っていた。翔平にとってはゴールではない。世界一の選手になってこそ翔平。メジャーに行って、どんな活躍をするか楽しみ」

—最後に同級生・大谷翔平へのメッセージを。

3人◉「Take Me Out to the Angel Stadium」（私をエンゼルスタジアムに連れてって）

（注1）3年夏の第94回全国高校野球選手権岩手大会準決勝、一関学院戦。六回2死二、三塁、フルカウントから見逃し三振に取った球が160㌔を記録。投手大谷翔平、捕手佐々木隆貴。
（注2）佐々木毅は釜石・大平中から花巻東高に進み、大谷翔平と同級生の右投手。神奈川大でも活躍した。現在は軟式野球の相双リテックでプレー。
（注3）シニアは中学硬式野球チーム。
（注4）花巻東高は第84回選抜高校野球大会に出場し、1回戦で藤浪晋太郎(阪神)を擁する大阪桐蔭に2—9で敗れた。大阪桐蔭はこの年、春夏連覇を達成した。

俺たちが知るザ・翔平
友達3人が同級生トーク

大谷翔平の歩み

1994年	7月5日	奥州市で生まれる。
2003年		姉体小3年から本格的に野球を始める。
2007年	6月	水沢南中1年。リトルリーグの東北大会準決勝で18アウト中17アウトを三振で奪う。166センチ。
2009年	3月	中学2年。一関市のリトルシニアで投手を務め、全国選抜大会出場。

▼花巻東高

2010年	4月	花巻東高入学　189センチ　66キロ。
	5月	春季県大会は4番右翼で出場し準優勝。
2011年	8月	高校2年。第93回全国高校野球選手権出場。帝京に敗れるも最速150キロをマーク。
2012年	3月	第84回選抜高校野球大会出場。1回戦で大阪桐蔭に敗退も、先発し150キロ。藤浪晋太郎（現阪神）から右本塁打を放つ。
	7月	高校3年。第94回全国高校選手権岩手大会準決勝の一関学院戦で160キロを記録。「160キロは監督と一緒に目標にしてきた数字。出せてうれしい」193センチ。86キロ。
	8、9月	日本代表に選出され韓国での18U（18歳以下）世界選手権に出場。
	10月21日	米大リーグへの挑戦表明。「米国でプレーさせていただきたい。（メジャーリーグは）高校入学当初からの夢。厳しい環境の中で自分を磨きたい」
	10月25日	プロ野球ドラフト会議でファイターズが単独1位指名。「高く評価されたのはうれしいが自分の思いは変わらない」
	12月9日	ファイターズ入り表明。「たくさんの方々に迷惑を掛けたが、日本でプレーする姿で少しでも恩返しができればいい」

▼北海道日本ハムファイターズ

2013年	3月29日	開幕戦に「8番・右翼」で先発出場し2安打1打点の活躍。
	3月30日	大谷翔平と菊池雄星（西武）の県人対決が実現。
	5月23日	ヤクルト戦に先発で初登板し、投手と野手の二刀流デビュー。「すごく楽しかった」
	6月18日	交流戦の広島戦で初めて同じ試合で投打の両方に挑戦。投は4回3失点、打は3打数1安打1打点。右翼の守備にも就いた。
2014年	7月19日	オールスター第2戦で球宴新記録となる162キロをマーク。「真ん中に思い切りめがけて投げるだけと思っていた。少し狙っていたのでよかった」
	10月5日	楽天戦で公式戦最速に並ぶ162キロ。
2015年	3月27日	初の開幕投手を務め、白星スタート。
	6月6日	阪神戦でシーズン初黒星。開幕7連勝でストップ。
	8月8日	楽天戦で代打に立ち、初のサヨナラ打。
	9月27日	オリックス戦で15勝目。投手3冠を確実にする好投。「（記録は）後から付いてくると思っている」
	10月10日	ロッテとのクライマックスシリーズで3回途中KO。「ここでいい投球をできなかったら意味がない」
	11月	国際大会「プレミア12」で2試合無失点の好投。
2016年	5月17日	球団35年ぶりの5試合連続本塁打
	6月5日	交流戦・巨人戦で日本最速となる163キロをマーク。「ファウルにされたので手応えはなかった。失投です」
	7月3日	ソフトバンク戦に「1番・投手」で出場し初回先頭打者本塁打を放って勝利投手。「すごくびっくりした。先頭であまり打ったことがなかったが、思い切りいこうと思った」
	9月28日	西武・菊池雄星と投げ合い、1安打完封。リーグ優勝を決めた。「プレッシャーの掛かるマウンドが成長するポイント。楽しく投げることができた」
	10月16日	クライマックスシリーズ第5戦に「3番・指名打者」で出場。九回に登板してプロ野球最速の165キロを連発し、再び胴上げ投手。
	10月25日	日本シリーズ第3戦で延長十回にサヨナラ打。
	10月29日	日本シリーズ第6戦で勝利し日本一に輝く。
	11月28日	史上初めてベストナインの投手と指名打者を同時受賞、パMVPも獲得。「1年目からやってきたことは間違っていない」
2017年	2月	右足首の故障でWBC日本代表を辞退。「申し訳ない気持ち」
	3月31日	開幕戦は3番指名打者で出場し、西武・菊池雄星から2安打。
	4月	左太もも裏を肉離れし離脱。
	10月4日	本拠地最終戦のオリックス戦に初めて「4番・投手」で先発し、今季初完封、打者で先制点につながる安打。
	10月12日	右足首の内視鏡手術を受ける。
	11月10日	ファイターズが今オフのポスティング制度でのメジャー移籍発表。
	11月11日	記者会見でメジャー挑戦を表明。
	12月9日（現地）	エンゼルス入団会見

▼エンゼルス

2018年	2月1日	渡米

HOKKAIDO
NIPPONHAM

MATSUDA
3

NIPPONHAM

FIGHTERS
FIGHTERS

【執筆者略歴】

村上　弘明（むらかみ・ひろあき）
盛岡一高－早大卒。映画のシナリオ学校に2年間通い、2000年岩手日報社入社。編集局整理部、釜石支局を経て、07年秋から13年春まで運動部。花巻東高の取材を通じて菊池雄星らに密着取材。大谷翔平は高校1年からドラフト騒動、プロ1年目の開幕戦まで担当した。14年春から花巻支局長。42歳。名古屋市出身。

小田野　純一（おだの・じゅんいち）
福岡高－岩手大卒。2003年岩手日報社入社。編集局整理部、釜石支局、運動部を経て15年4月から陸前高田支局長。大谷翔平は12年4月から15年3月まで担当。高校3年からプロ3年目の開幕戦まで追いかけた。37歳。二戸市出身。

斎藤　孟（さいとう・たけし）
一関一高－高崎経済大卒。2004年岩手日報社入社。編集局運動部、花巻支局、報道部、陸前高田支局長を経て15年4月から運動部。大谷翔平は3年目シーズンから担当。エンゼルス入団会見は現地アナハイムに特派員として派遣された。36歳。一関市川崎町出身。

大谷翔平 挑戦

SHOHEI OHTANI

Beyond the borders
境界線を越えろ

初　版　2018年2月13日発行
第3刷　2023年5月1日発行

【企画編集】
岩手日報社　出版部長　小原　正明
花巻支局　村上　弘明
陸前高田支局　小田野純一
運動部　斎藤　孟
出版部　三上真紀子
横田　真紀
渡邉　拓也　（略歴や所属等は初版発行時のものです）

【写　真】岩手日報社編集局

【写真協力】共同通信社
ゲッティ（共同）
大谷徹さん・加代子さん

【発 行 所】岩手日報社
〒020-8622　岩手県盛岡市内丸3-7
コンテンツ事業部（019-601-4646、平日9～17時）

【印 刷 所】山口北州印刷株式会社

◎アートディレクター　和野隆広（FANTA PEAK）
◎デザイナー　佐藤康造（FANTA PEAK）

（株）北海道日本ハムファイターズ公認

ISBN978-4-87201-829-5

ⓒ岩手日報社2018
※本書掲載写真・記事の無断転載を禁じます。落丁・乱丁は送料小社負担でお取り替えします。